『神との対話』の著者
ニール・ドナルド・ウォルシュ
On stage!

愛するということ 1

19歳から始める最高のライフレッスン

ニール・ドナルド・ウォルシュ
Nana&Joe 編・訳

Neale Donald Walsch
on Relationships

また、ナンシーへ

素晴らしいリレーションシップとは何か
彼女はそのすべてを体現している

もし、あなたが彼女を知っていたら
もうほかに本を読む必要はないし
講話や説法を聞くことも、問答もいらない
ただ、彼女を
見つめてさえいればいいのだから

はじめに

「愛とは？」

人類はずっと問い続けてきた。
「愛とは、いったいなんなのだろう？」

私にとっての『愛』とは、これまで他者と自分の間に作ってきた境界を取り払い、相手と深くつながり合うこと。
さらには、「私たちは、バラバラに切り離され、孤立している」という考え方を全部手放すこと。
鎧《よろい》を脱ぎ去って素っ裸で人生に飛び込み、すべてに溶け入ってしまうことだ。

——ちょっと怖い気もするね。
けれどその瞬間にこそ、世界と自分とを隔てているすべての思い込みから自分を解放し、魂の本質、本当の自分に戻っていく。
そしてついに、『私たちはひとつ』という真実を生きることができるのだ。

満天の星空や昇る朝日、生まれたての赤ん坊を見るとき私たちは、思いがけず『大いなる愛』(Big Love)を経験することがある。
『大いなる自我』(Big Self)へと、不意につながる瞬間だ。
『大いなる自我』につながるとき、あなたは何も欲しがっていない。

星空や赤ん坊は、既にその存在のすべてを差し出しているのだから、それ以上は求めようもないのだ。
手のなかの一輪の花をくるりと回してみるとき、花は持ち得るかぎりの愛を、あなたに注いでいることに気がつくだろう。
あなたは花の香りを嗅《か》ぎ、花を愛し、自然を愛し、人生と恋に落ち、——その瞬間、奇跡が起こる。
あなたは生命の完璧さを知り、目の前の花が、赤ん坊が、星空が神であることに気づく。
すべては満たされ、必要なものなど何ひとつない。
あなたはこの世のすべてと完全に一体となる。
『ひとつ』を感じて、本当の自分に戻る。
それがあなたの本質——『愛』こそ、『本当のあなた』なのだから。

けれど『大いなる愛』を日常的に感じている人は少ない。
星空を見上げるときには感じられるこの愛を、毎日の生活のなかに、瞬間ごとの人間関係のなかに感じられることは稀《まれ》だ。

なぜなら私たちは、崇高な『大いなる自我』、偉大な『本当の自分』をすぐに忘れ去り、代わりに『ちっぽけな自分』(Little Self)へと戻ってしまうから。
『ちっぽけな自分』は、条件付きでなければ愛せない。
私たちの多くが人生で経験しているのは、いつも見返りを欲しがり、必要としている『ちっぽけな愛』だ。
人は愛と必要をごっちゃにして、まるで取り引きのようなリレーションシップを創造しては『愛』とよぶが、それは本当の『愛』

とは違う。実は誰もが、心の奥ではそのことを知っているのだ。だから愛する人といっしょにいるときでさえ静かな絶望を感じながら、いつの日か本当の、真実の愛の体験ができることを夢見て生きている。

神は、愛こそ私たちの本質だと言う。
それも『ちっぽけな愛』ではなく、必要も、条件も、分離もない『大いなる愛』なのだと。
私たちが『大いなる愛』を生きると、すべてのリレーションシップが驚くほど変わるだろう。
あなたは目の前にいる人と、みんなと、生きとし生けるものすべてと、ずっと夢見ていた一体感を感じ始める。

「私たちは、ひとつ」

孤独は終わる。
もう誰も、切り離されてはいない。
誰からも、何からも、神からも。
そしてあなたがこの真実、『ひとつ』を受け入れ、リレーションシップを人生創造の最高のツールとして使うとき、あなたを取り巻くエネルギーは、あれほど求めてやまなかった、素晴らしくワクワクする、刺激的で、強い絆《きずな》に結ばれた、得《え》も言われぬほどロマンティックなリレーションシップを、必ず生み出してくれる。
——それも、あなたの知らぬ間に。

＊＊＊＊＊＊＊

さて今回うれしいことに、本シリーズが日本で出版されることになった。本シリーズは、私のセミナーの収録ビデオと録音を編集／出版したものだが、このスタイルはもともと印刷物として書かれたものより自由でわかりやすい（実は、こっちのほうがもっとおもしろいんじゃないかとも思っている）。そこに翻訳を手がけてくれたふたりが、新しい質問や最新のセミナーでの内容も加えて再編集してくれたから、日本の皆さんにもセミナーならではのライブ感、特別な体験をさらに身近に感じていただけるものになっていると思う。

この本が、あなたの問いへの唯一絶対的な答えになるとは言わないが、ここにある新しい考えや知恵を分かち合うことが、あなたのより大きな幸せへの窓を開き、道を示すのに役立てば、幸いである。

祝福を！

オレゴン州 アッシュランドにて

ニール・ドナルド・ウォルシュ

Part 1
愛することとリレーションシップ

ようこそ、ここへ。
こんにちは、みなさん。
この部屋へ、ようこそ。
ここで、あなたがたに会えてとてもうれしい。

さて「リレーションシップ」(人間関係)というテーマ、かなりやっかいな問題だ。もちろん、ここにいるみんなは大丈夫だってことは知っているよ。
でも世の中には、これがちょっと難しい人間もいる。
私の書いたものを読んでくれた人ならご存じだろうが、リレーションシップについて私はずっと困難を極めてきたひとりだ。
誰かとうまくやっていくことも、関係を続けることも、そこになんらかの意味を感じることでさえも。

「宇宙の法則」リレーションシップの場合

ところで、絶対的な一体感、素晴らしくワクワクする、刺激的で、強い絆に結ばれた、恍惚《こうこつ》感を覚えるような、得《え》も言われぬほどロマンティックなリレーションシップ——そんなすてきなリレーションシップが欲しい人は？
(たくさんの手が上がる)
心から、口から手が出るくらい「恋人が欲しい！」と願う人は？
(手が上がる)
そうか……じゃあ、あなたはそれを得られない。
「……」
いや、神様がそう言ったんだよ、そんなに怖い顔しないで。

（聴衆笑）
神は、こう言った。

「あなたが欲しがるものは、決して手に入らないだろう」

――ヒドイじゃないか。そこで私は神に訴えた。

「だって、そんなのわかりませんよ！　何かが欲しいときや必要なとき、なんでも望むことがあるときは、神様のところに行ってお願いするものでしょう？」

「いや、いや、違う。キミは、宇宙の法則がどう働いているのかが、わかっていないのだ。というより、法則があること自体、知らないのだ」

今の私は、それを知っている。
だから、まずその法則について話すことにしよう。
いいかい……。

これまでも、たった今も、これから先の未来にでも、あなたが願うものは、既に**今、ここにある。**
欲しいものはすべて、あなたが、もう既に持っている。
あなたはただそれを経験していないだけだ。
既に起こったこと、今起こっていること、これから先起こること、どんなことであろうと、**すべては今、起こっている。**
だからあなたは、その無限の可能性の海に手を伸ばし、今経験したいことを選び取るだけでいい。これが法則の基礎だ。

そして、この無限の可能性の海から欲しいものを選び取る方法には、『思考・言葉・行為』の３つがある。
つまり、あなたの考え、あなたが言うこと、あなたがすることだ。だから、もしあなたが、

「どうか、今日をしのぐために必要なものをお与えください」

と言うと、あなたは「今日をなんとかしのぐための苦労」を経験することになる。なぜなら、この言葉のもととなっている考えが、あなたの深いところにある「私は今、持っていない」という信念からきているからだ。
そうでなければ、願ってはいない。
思考の底辺に横たわるもの、——**信念を支えている考え方**は、あなたの世界の現実の創造の瞬間ごとに、計り知れないほどの影響を与えている。
例えばあなたが「お金が欲しい！」と言うと宇宙はこう応える。

「YES!　そのとおり。あなたは『お金が欲しい』のだ」

わかるかい？　宇宙は「YES!」としか言わない。
宇宙はあなたのどんな考えに対しても常に「YES!」と応える。
神の概念には「YES!」しかないのだ。
神は言う「YES、YES、YES…」——いったい何に対して？
いかなる考え方、言葉、行為に対しても、だ。

これのいい点と言えば、神は決して「NO」と言わないところ。
悪い点は、法則を知らない者の願いにも、神はやっぱり「YES!」とだけ応えるところだ。
あなたが「こんな人生はうんざりだ！」と言うと、神は、

「YES、そのとおり！　あなたは正しい」

と応える。「お金が欲しい!!」と言うと、神は、

「YES、それは真実だ。あなたは本当に、お金が欲しい」

「ひとりぼっちで寂しい。ボクを満たしてくれる相手が欲しい!!」

と言うと、神は、

「YES……あなたはあなたを満たす相手が欲しい。それは事実だ」

と必ず応えてくれて、あなたは「お金を欲しがる」「人生の片割れを切望する」経験を得ることになる。
あなたの言葉は、あなたにとっての真実を宇宙に宣言し、現実をカタチ作るという創造のツールのひとつだ。
だから気をつけないと願いを口にすることによって、逆にあなたが望まない状況を創り出してしまったり、現状を長引かせてしまったりすることだってある。

さて、だからといって言葉ひとつひとつの選び方や言い方が正しいかどうかをいちいち心配する必要はないが、もっと危険で、あなたがよくよく気をつけておかなければならないことがある。それは思考の底辺に横たわるもの——**信念を支えている考え方**だ。

言葉に現れる信念が、「欠乏」「お金が足りない」「愛が足りない」などの考え方に根ざしていて、

「どうか神様、仏様、後生だからお金をくれ〜!!」

「一生のお願いです！　どうか人生のパートナーをください!!」

などと願ってしまうと、必然的に「お金が足りない」「愛が足りない」状態を生み出してしまう。

「法則」のスイッチは常に「ON」だってことを忘れちゃいけない。あなたが意識しているときもいないときも、法則はいつも働いている。

だから、あなたの**信念を支えている考え方**を変えないかぎり、一度や二度正しい行いをしたり、アファーメーション（肯定的な見方、考え方を宣言すること）を唱えたからといって、望んでいるような結果は得られないというわけだ。

リレーションシップの成功

信念を支えている考え方は、例えばこんなふうに働いている。

世の中では多くの人が、自分を「リレーションシップで失敗した人間」「リレーションシップの落伍者」だと思い込んでいるが、その理由は、一度始めたリレーションシップが、当人たちが期待したほど、あるいは周りが思ったほど長くは続かなかったと

いうだけのことだ。そんな理由は、文化的な通念ではあっても、真実ではない。
だから私たちは、自分を断罪する必要などないのだ。
神は、はっきりと教えてくれた。

「成功したリレーションシップというのに、長期間である必要はない。長い時間いっしょにいれば、いいってものではないのだよ」

これは、多くの人にとって朗報だよね？
ありがたいことに私たちの魂の目的は、ひとつのリレーションシップにどれだけ長くとどまれるかを試すことではない。そうではなくて、「**本当の自分とは何者か**」を決め、経験するためにあるものだ。だとすると、いっしょにいる時間に関係なく、どんなリレーションシップもその目的にはとても役立つ。
すべてのリレーションシップが、必ずあなたを成長させる。そうでなければ、あなたはそもそも人生にリレーションシップなど創造していないのだから。

ところでその一方では、長く続くリレーションシップが、お互いにとって驚くほどの成長や満足感をもたらすことも確かだ。

だがその経験のためにも、まず、よく確かめておかなければならないことは、「リレーションシップを始める理由」だ。
それらは決して、寂しさを紛らわすため、心のすき間を埋めるため、自分が愛を得るため、憂うつをぬぐい去るため、セックスライフを充実させるため、前のリレーションシップで受けた傷を癒すため……などであってはならないのだ。
今日は私が経験したことを例に、これらの理由ではなぜうまくいかないのかを話すことにしよう。
そんなこと、あなたがたは絶対にしないだろうからね。
（聴衆笑）

取り引きゲーム

私がリレーションシップを始める目的は、取り引きだった。そんなことは認めたくなかったし、自分の本音を知りたくもなかったから、商売人よろしく手をすり合わせて「よおし、今度は何を手に入れよう？」などと言ったことはないし、実際そんなふうに考えてもいなかったと思う。
でも、リレーションシップのなかで期待したものが手に入らないとわかると、もうすぐにでも関係を終わらせたいと思っていたのだから、やはり私の目的は、「自分が何かを得るため」だったと気づかないわけにはいかなかった。

「自分の魅力的な部分はどこだろう？　人々を私のもとにとどめておけるくらい十分な価値のある何か……。何があっても相手が離れていかないような、誰も否定できないような、人を引きつける自分の長所って、いったいどんなところだろう？」と、自分のなかの宝物を探し出してきては取り引きしていたんだ。
そして相手から期待したものが出てこないと、さっさとそこから立ち去った。あるいは期待したものを、私が差し出せないとわかると、相手のほうから出て行った。
そうやってひとつのリレーションシップが終わると、とても素早く次を始めた。ひとりずつ、次々と、そして次の、そしてまた次のというように、私を満たしてくれる理想のパートナーを探し求めてさまよった。いつの日かついに本当の私を見つけ出し、幸せにしてくれるであろう人を求めて。

そうやっていくつかのリレーションシップで失敗してから、相手が何を欲しがっているかを察するのが少しはうまくなった。
少なくとも自分ではそう思っていたんだ。
例えば相手にとって魅力的でないところは、抑え込むことも学んだ。例を挙げよう、とってもバカげたやつだ。
あまりにバカげていて忘れられないひとつだけれど……。

「あんなふうに笑わないといけないの?」

あるとき私はひとりの女性とつき合っていて、そのころは彼女が人生でただひとり最愛の女性になると思っていた……少なくとも、つき合っていた間はね。古い歌だけど知っているかな?
「愛する人が近くにいないと、近くにいる人を愛してる♪」
あなたがたはもちろんそんなゲームはしないと思うけど。
(聴衆笑)
そのすてきな女性とのリレーションシップ。
心の奥底から愛している(と思っていた)彼女と私は、ある夜、劇場へ出かけた。
ふたりだけの世界から世間へ、社交ってものの始まりだ。

——さあ、私たちは劇場にいる。
その夜の出し物は喜劇だ。私は笑い始めた。

ところで私の笑い声は、地割れするほどデカい。
私が笑うと、劇場中が震撼《しんかん》する。
……そういえば、さっきから、あなたがたのは笑ってるうちに入らないよ、全然。
(聴衆笑)
私が笑うときは腹の底から笑う。わざとやってるわけじゃなくて、それが自然な私の笑い方なんだ。

さて、こちらは劇場。ニールは既に大笑いしている。
大きな笑い声は、ほかの観客まで巻き込んで場は盛り上がり、役者たちはますます調子に乗ってきた。
こんな笑い方の人、彼らのよび方で“ライブワイヤー”(送電線)が観衆のなかにいると、役者たちは大喜びする。
「今夜はライブワイヤーがいるぜ！」ってね。
だから役者たちは、私をいつも大歓迎してくれた。
私は正真正銘のライブワイヤーだったからさ。

一方、そのときつき合っていた彼女。死ぬほど愛していた(といっても実は彼女のことをではない。私が愛を欲しがって、死に物狂いだったってことだ)彼女は、私の笑いが大きくなるにつれ、その身を縮めていた。
今でも彼女が、私の隣で消え入りそうにしていた様子がありありと目に浮かぶ……。
休憩時間になって、「あんなふうに笑わないといけないの？」と彼女。
私は、「あんなふうにって、どんなふうに？」と思ったよ。
私の笑い方のせいで彼女が恥ずかしい思いをしている？　私には彼女が大笑いする男といっしょにいると、なぜいたたまれない気持ちになるんだか見当もつかなかったから。
でも彼女のほうは、そんな笑い方をする男といっしょにいることでスポットライトを浴びるのが恥ずかしくってたまらなかったんだ。

どうか、行かないで。

そのときの必死の思い。
——彼女がこの部屋にいてくれるためならなんだってする——
わかるかい？　この部屋っていうのは、私の人生の、私のいるこの場所にってことだ。私は、人々が私のところにとどまってくれるための努力に、人生の大半を費やしてきた。
そのためにならなんでもする、どんなことだって。
ここにいてくれ、どうかここに。ここから出て行かないで。どうしたら、ここにとどまってくれるんだ？
私のどんなところを捨ててしまえばいい？
自分を捨てることなんて、なんでもないさ。
あなたをここにとどめておくことさえできるのなら……。
そう思って、数え切れないほどの無為なダンスを踊ってきた。
曲さえ自分のものじゃない。

あなたが曲を決めてくれ、私はそれに合わせて踊るから。
そう、あの夜あの劇場でやったように。

さあ次の場面。彼女と観客席にいるニール。
おもしろいギャグが飛び出す、彼の反応といえばこんなだ。
「うはっ……くっ、ぐぉほん、ゴホン、ゴホン……」
必死に笑いを抑え込んでいるようだ。
３幕目にはすっかりうまくなって、「うわっ、はっ、はっ、はあ！」は、「ヒッ、ヒッ……」にすっかりとって代わり、以来数年間それが彼の笑い方になった。

あるとき、ある人に「どうかしたの？　あなた大丈夫なの？」と言われるまで。

「ドシテ、笑わないデスカ⁉」

エリザベス・キューブラー・ロス博士のワークショップだった。
それがバレてしまったのはね。私は一番前の席にいた。
彼女は何かおもしろいことを言ったあとで、けげんな顔をして私を見た。

「どうかしましたか？」
「別に、ただおもしろかっただけです」
「ではどうして、そう表現しないのですか？」

エリザベス・キューブラー・ロスを知っている人はいるかい？

彼女のひどいスイス訛《なま》りを。あとで親しい友人になって、私は彼女のスタッフとして働くことになったんだが(そうそう、あなたがたも注意したほうがいいよ。あとで私といっしょに働くことになるかもしれないからね……)、彼女のスイス訛りふうに言うと、
「じゃ、ドシテ、そうしないデスカ⁉」って感じだ。
「どういう意味ですか？　私は笑っていましたよ」
と答えたけれど、彼女はそう簡単に容赦してはくれず、私を見据《す》えて、こう言ったんだ。

「いいえ、あなたは笑ってなんかいませんでした。どうして気持ちを表に出さないの？　そうやって苦しさも出してしまえば？　本当の自分を抑え込んでいる苦痛を」

……そう、私は取り引きをしていたんだ。
だから、その代価を支払っていた。痛いほどに。
それでも取り引きの約束はいつも、「私がこれをあげたら、代わりに君はあれをくれる」という条件付きだから、もらえるはずのものがもらえなくなると、私はそのリレーションシップから立ち去った。あるいは受け取れると思っていたものが私から得られなくなると、相手のほうから部屋を出て行った。
だから当然、部屋は空っぽになる。
どんなに努力しても、繰り返し、繰り返し……。
ある日とうとういたたまれなくなって、私は神に向かって叫んだ。

「いったいどうすりゃいいんだ？　リレーションシップには何が必要だっていうんだ?!」

こうして、神との対話が始まった。

無意味なダンスはもうおしまいだ

ニール、ニール、ニール、何が起こっているのか、ちっともわかっていないようだね。そもそもリレーションシップを始める理由が間違っているのだよ。
あなたはリレーションシップを、まるでビジネス上の取り引きのように、そこから何かを得るためのものと思っている。それでは本当の目的を理解しているとは言えないな。リレーションシップの目的とは、あなたがそこから得られると思っていることとはまったく関係ない。あなたがそこへ何を注ぎ込むかを選ぶことが、すべてなのだ。
けれどそれは、欲しいものを得るためではなくて、本当の自分が何者であるかに気づくためなのだ。
だからリレーションシップに何を注ぎ込むかは、本気で考えなくては。一瞬たりとも、あなた自身でないものであってはいけないのだよ。

もし誰かが本当のあなたを見て、「十分でない、魅力が足りない」と言うのなら、その人たちを自分のところにとどめようとしなくてもいいんだ。
あなたの人生には、そのままのあなたが十分に魅力的だと感じ

る人がきっと現れるのだから。
それに真のあなたを見てやってきた人たちは、決してそこを出て行かない。だからあなたは、彼らを部屋にとどめるために演技を続ける必要はない。
――無意味なダンスは、もうおしまいだよ。

この会話が、リレーションシップについての私のすべての考えを変えてしまった。ついに私は、自分がこれまで何をしていたのかが理解でき、それまでのリレーションシップについてのパラダイムは、完全に覆《くつがえ》されてしまったのだ。

あなたがいなければ……

そして同時にリレーションシップこそ、私たちが自分自身を創造することのできる、何よりも貴重な経験であるということも理解できた。
つまり私たちが生み出すすべてのリレーションシップは、本当の自分を発見し、実現し、本当のあなた、あなたがなりたいあなた、描けるかぎり最も偉大な**あなたを創造するための道具**、生きるために不可欠な人生という建物の基礎なのだ。

他者との、環境との、物との、すべての存在とのリレーションシップなくして、私たちは存在できない。

物とのリレーションシップなんていうと、ヘンに聞こえるかもしれないが、例えばお気に入りの花瓶や写真やカップを思い浮かべてみると、ちゃんとリレーションシップがあるのがわかるね。動物やペットならもちろんのことだ。金魚だってしばらく飼うと、人間みたいに思えてきて、それが死んじゃったりすると旧知の友人を失ったように悲しくなる。
人生におけるリレーションシップの大切さがわかるかい？
リレーションシップを持つことのできる対象が一切ない状態を想像してごらん……それは、独房だ。
独房入りは、世界中の刑務所で用いられるいちばん厳しい罰だ。入れられた人の多くが精神を害してしまう。
すべての物、場所、環境、人とのリレーションシップの重要さは、「私は何者か、そして、なぜここにいるのか？」という問いに、人間が答えるのを可能にしているところにあるが、それを奪い取られることは、何にも増して恐ろしい。
つながり、関係し合う世界のなかで、自分以外の何かとのリレーションシップという経験があって初めて、私は私というものになり得る。
あなたという存在が現れるまでは、私は経験的に私というものを知ることはできないのだ。

神はこれが真実であることがわかるように例を示してくれた。

真っ白な部屋

あなたが今、真っ白な部屋にいるとイメージしてごらん。すべてが白だ。白い床、白い天井、白い壁。
そのなかにあなたは魔法のように浮かんでいてなんにも触れる

ことはできない。クリスマスツリーのオーナメントのように宙ぶらりん、つり下げている糸さえなく、ただ空中に、白の海に漂っている。
あなたのほかには、何ひとつ存在しない。
さて、あなたはそこにどのくらいいられると思うかな？

私はそれを思い浮かべてみて、答えた。
「長くはいられませんね。そんなに長くはもたないでしょう」
ほかに何もないのなら私はいないも同然。私は私であってもそれを経験できないなんて、気が変になりそうだ。

ところが、誰かがその白い部屋に入ってきて、ほんの小さなインクのしみを壁につけていったとする。
小さな黒い点を見つけたとたん、「私」という存在が現れる。

まずは「あそこ」と「ここ」が。
なぜなら点は「あそこ」で、私は「ここ」にあるから。

私はさらにそのリレーションシップのなかで、自分を定義し始める。
壁に点があるこの場合、私に何か、こう、ぴったりな言葉は、「お、おー、おおきぃ……」というようなものだろう。
もっと大胆に「ボクのほうが賢い…」などと言うかもしれない。
私は壁の点より自分が賢いと思えないときもあるんだが、まあ一般的に言ってね。
それからたぶん、「速い」「遅い」とか「ああ」だとか「こう」

だとか、わかるかい？　壁の点とのリレーションシップにおいてだ。

今度はネコを１匹部屋に入れてみると、とたんに私自身についてもっと大きな経験をするようになる。ネコは壁の点より存在としてずっと大きいからだ。今度は自分についての経験を通し、もっとさまざまなことを考え出すだろう。
「ネコはたぶん、私より柔らかい……」
「けれど、私のほうが年をとっているだろう」とかなんとか。
わかるかい？　私と私の周りにあるものとの経験から、自分について定義し始めるんだ。
私たちはリレーションシップによって、**自分自身を知る**だけではなく、**自分が何者であるかを定義している**のだ。
つまり私は、リレーションシップによって自分を定義し、そうすることで**自分を再創造**しているということになる。
私たちはみんな、人生のなかのことがらや出来事のすべてとリレーションシップを持ち、100％自分自身が創造したリレーションシップを通して、自分を経験し、言明し、宣言し、表現し、満たしながら、「**本当の自分**」になるのだ。

愛する人にできること

リレーションシップが、私たちの人生の経験のすべてを携えているという神聖な役割を理解すると、私たちの経験もまた、いかに神聖なものであるかがわかってくる。考え方や言葉だけではなく行動を伴って。すると、すべてのリレーションシップは劇的に変化し始めるのだ。

さて、ここでおもしろいことが起こってくる。私は私自身を創造するとき、あなたでないものには再創造できない。
いいかい？　私は、あなたのなかに見いだすことができるものだけを、私自身のなかにも発見できるということだ。
こうとも言える。
たとえあなたのなかにあることでも、私がそれを見つけ損なえば、私がそれを自分自身のなかに見いだすことは決してない。
なぜなら、それが存在することを知らないのだから。
あなたのなかに神聖さを探し求め、発見し、認識するまでは、私が私自身の神聖さを知るよしもないということだ。
相手が神聖であることを理解できなければ、自分の神聖さもわからない。同じように、相手のよいところを認められないのなら、自分によいところなど見つからない。悪いことにしても同じだ。
つまり、「あちら」になければ、「こちら」にもない。
「相手のなかに見つけられることだけが、自分の内にも発見できる」ということだ。

この知恵を理解すると、リレーションシップにおいての私たちの最も大切な役割は、相手を深く見つめることだとわかる。

パートナーシップにおいては、相手のなかにあなたが想像し得るかぎりの最高のビジョンを見いだすことであり、さらには最も偉大なバージョンの彼らが創造されるのを手伝うことだ。

だからカップルがお互いのためにできることは、相手から何かを得ることではなく、**パートナーが真の自分を表現し、経験するための最高の力を引き出してあげる**ことだ。
これこそリレーションシップが存在する、何よりも重要な意味なのだから。

さあ、ここまでくるとリレーションシップの目的は、突如としてその姿と性質を変えてしまう。もうこれからは、相手に与えることだけを考え、相手から何かを奪おうとはしなくなる。
お互いのために、何ができるか？
何を創造するのか？
相手がどんなことに気づき、実現するのを手伝うのか？
どうすれば彼らはベストな状態の自己を表すことになるのか？

これは今日、あなたがたと分かち合いたいもうひとつの知恵だ。

マスターは何をしている?

自己実現のムーブメントに熱心に取り組んでいる多くの人々が、自己実現というのは、ひとりで静かに座禅を組むというようなことで成し遂げられると考えている。
なにしろ、自己(self)実現というくらいだからね。
自己実現をしようと、ひとりで部屋にこもり、キャンドルを灯《とも》したり、静かな音楽をかけて黙って座っていたり、ときにはオーォォォム……とか唱えたりして……。
それがダメだとか、間違っていると言うのではないが、もしそれが自己実現の道だと信じて多大な時間を費やしてしまっているようなら、「私たちがお互いのために存在している」という偉大なる知恵を理解していることにはならない。
つまるところ自己実現は、ひとりでは成し遂げられないのだ。
自己実現とは、**「自己」を相手のなかに見いだす**ことなのだ。
だから本物のマスターたちはひたすら、人々のなかにいて、人々の真の姿を見いだしては、彼ら自身に立ち返らせて回る。

ところで、生きたマスターに見られたことがあるかい？
その経験があれば、彼らがほとんどの日々と時間を、あなたがたのなかの神性を見いだすことに費やしているのがわかるだろう。
彼らは、あなたの目をじーっとのぞき込み、あなたが想像したこともないようなあなたを見いだす。
それはあなたのなかの神性、本当のあなた、偉大なるあなただが、あなたにはそれが見えていない。
だからマスターたちの言動は往々にして不思議に見えるんだね。
（聴衆笑）

リレーションシップをこの絶妙な方法で用いるとき、あなたとあなたの愛する人との経験のすべてが変化する。
不意に、相手から欲しいものは何もなくなり、ただ何もかも与えたいと思う。そしてなんの見返りも期待せず、自分の存在を丸ごと、ひたすら相手に捧げようとし始める。

虐待は止めること

ところで、間違えないように言っておくけれど、これは誰かが、あなたを踏みつけにするのを許していいということではない。機能しないリレーションシップの犠牲者になることではない。ここで話しているのはそういう類《たぐい》のことではない。

誰かあなたを**虐待するような人間のところには、一瞬たりとも、とどまっている必要はない**のだよ。いいね？

虐待のある関係(暴行に限らず、精神的な支配や重圧も含めて)においては、まず虐待を阻止すること。

それが最善の対応だ。

これは虐待される側の勝手な選択ではない。

双方を癒す解決法だ。

虐待を続けさせることは虐待者を癒すことには決してならない。彼らはそこから何も学ばず結局は自身をも傷つけることになる。

だから、このことははっきり理解しておこう。

愛のあるリレーションシップとは、いつも相手の好き勝手にさせることとは違う。幼い子どもを育てるとすぐに悟れることが、大人同士ではわかりにくく、勘違いしやすい。

虐待を続けさせてはいけない。

あなたの自分自身への、そして虐待者への愛が、そう要求しているのだよ。

至福のリレーションシップ

私の知るかぎりの至福のリレーションシップ、それがどんなものか話そう。

まず、**条件付きでない**こと。
条件付きで最高のリレーションシップというものはない。
また、なんの**限界もない**。
なぜなら、本物の愛――真実の愛――に基づいているリレーションシップは、まったく、**完全に自由**だから。

自由とはあなたの本質だ。

自由とは愛の本質であって、**愛**という言葉と、**自由**という言葉は置き換えられる。**喜び**も同じだ。
喜び、愛、自由――愛、自由、愛、喜び。
全部同じことを意味している。

人間の魂は、どうしたって制限や限界のなかで喜ぶことはできないのだ。だから、本当に愛するときは、決して限界や条件を付けようとはしない。
真実の愛なら、「私があなたのために望むことは、あなたがあなた自身のために望むこと」と言う。
本物の愛なら、「私は、あなたのために**あなたが選ぶ**ことを、選ぶ」と言う。
もし、「私は、あなたのために**私が選ぶ**ことを、選ぶ」と言うならそれは愛ではない。それは相手の欲しいものというより、自分が欲しいものを自分が得ているだけだから。
ただ単に相手を通して『ちっぽけな自分』を愛しているだけの『ちっぽけな愛』だ。

ところが、とっても皮肉なことに、
「私は、あなたのためにあなたが選ぶことを、選ぶ」
と言った瞬間から、あなたは私から絶対に離れられなくなる。
なぜなら私たちはみんな、自分の人生に欲しいものを得させてくれる誰かを探し求めているのだから。

「エディス、自重しなさい！」

この世界は、私たちが欲しいものを得させまいとしている。
２歳にもなると、「ダメよ、いけません」という親に始まり、それは学校の先生へと受け継がれる。
「教室でガムを噛《か》んではいかん」とかなんとか、もっと大変な制限でいっぱいだ。――いやはや、まったくありがたいことで。
（聴衆笑）
それは10代になっても続き、今度は目覚め始めた性の欲求が間違ったことであると、どうしてもわからせようとする。
宗教によっては、生理的な衝動すら許さない。
性に関するあらゆるバカげた考えがこの世を混沌《こんとん》に陥れている。
まったく信じられないくらいだ。

こうやって青年時代、いい大人になってからも、世の中は共謀して、私たちが本当に欲しいものは決して手に入れることはできないと言い続ける。
例えば、こんなことさえある。家庭の主婦が夫に、
「ねぇ……あなた、教会の婦人部でキルトの教室があるの。毎週火曜日の夜で、6週間。私も参加したいんですけど……」とお伺《うかが》いを立てる。これに対して「ダメだ」という旦那方を、私は実際に知っている。
あなたは想像できるだろうか、夫が妻に、
「キルトのクラス？　おまえには行ってほしくないね」
と言っているのを。けれど、こういうことは実際にあるんだ。

「アーチー、ただのキルト教室なのよ、アーチー」
「自重しなさい、エディス。自重することだ！」

あれ、覚えてるかい？
(1971～1983年、米国で放映されたドラマ『All in the Family』で、アーチーは古臭く、頭の固い一家の主というキャラクターだった)
アーチー・バンカーを観て国中が笑った理由は、この国の半数の人たちが、アーチーの言動に自分自身を見ていたからだ。
あれは自嘲《じちょう》的な笑いだったわけだ。

私の父、(今は神とともにいる)彼のことを心から愛していたが、彼こそまさしくこのタイプだった。人種差別をしなかったぶんは、アーチー・バンカーとちょっとばかし違うが。
いや、まったく彼の考え方ときたら、こんなだった。
「私がこの家の法だ。私の許可なくして、キルトの教室など行

けはしない。そんな許可はめったなことじゃ、やりはせんぞ！」

「おまえはオレの女」

真実の愛に裏打ちされたリレーションシップでは、妻が夫のところへやってきて、
「キルト教室に行ってもいいかしら？」
と言うのと同じように、
「ハリーと食事に行ってもいいかしら？」
と言うこともOKだ。

「ところでダーリン、あなたの名前はハリーじゃないわよ」
（聴衆に向かって）
すると、夫（ちなみにマイクって名前だ）は、こう応える。
「ボクの望みは、キミがキミのために望むことだ。キミがハリーと食事したいのなら、そうしておいで。キミの願うとおりのことをボクも願うくらいボクは十分にキミを愛しているから」

もしハリーが、マイクから彼女を盗もうなんて考えがあるとしたら、さっさとあきらめたほうがいい。
パートナーが自分らしく振る舞う自由を与えられるマイクのような人間から離れようとする人などほとんどいないのだから。

マイクがもし逆に、
「ハリーと食事だと？　とんでもない！　そんな名前をこの家のなかで口にするんじゃない。考えもするな。だいたいおまえ、

どうかしてるぞ。おまえはオレのものだというのが、わからないのか？　おまえはオレの女だぞ！」
と言えば、誰だってすぐに逃げ出すだろう。

女性だって同じことをしているよ。
「ところでスイートハート、ボクはマチルダとランチに行きたいんだけど……」
「なんですって⁉　そうはいかないわ！」
要点がわかるように、極端な例で言ってるんだけどね。
（聴衆笑）

こうやって人生は、いつでもこんな場面を使っては本当のあなたが何者であるかを証明するチャンスを与えてくれている。

愛は決してNOと言わない

愛なら、決してNOと言わない。
どうして私にそれがわかるかって？
なぜなら、神は決してNOと言わないからだ。
そして、愛も同じ。「神」と「愛」は入れ替えがきく。
神は、あなたに決してNOと言わないだろう。
あなたが何を願うかは問題ではない。
たとえあなたの願いが、のちのちやっかいなことになり得る場合でも。例えば、マチルダやハリーのように。
それ以外のどんなことについてもだ。

神は、決してNOと言わない。

なぜなら神は、あなたが究極的には最悪の事態に陥ることはないと知っているからだ。
つまり、あなたはあなた自身を消し去ることは、できないのだから。
あなたがたは、進化し、成長するしかない。
そうして真の自分になってゆく。

だから、神は私たちにこう言うのだ。

私は、あなたがあなたのために選ぶことを、選ぶ。
あなたも恐れず、あなたの愛する人に同じようにやってごらん。

Part 2
愛することに関するQ&A

「大いなる愛」が続かないのはなぜ？

山小屋にこもったり、瞑想《めいそう》などをして得られた「大いなる愛」や「大いなる自我」が、日常のなかではすぐに消滅してしまい、もとの「ちっぽけな自分」に戻ってしまうのはなぜですか？

それは歴代の哲学者たちが、ずっと問い続けてきた問題だね。なぜ私たちは、本来の「偉大なる自我」を捨て去ってしまうのか？　――その理由は、「恐れ」だと思う。

私たちは生まれ育った文化、社会のなかで、本当の自分よりずっとちっぽけな自分を常に経験している。人が集団で暮らし始めたときから幾世代にもわたって受け継がれてきた筋書きだ。
そうして私たちが今生きている社会では、あなたを取り巻く何もかもが、あなたが「本当の自分」であることを否定している。
「私たちが生きているのは要求と欠乏の世界である」「私たちの存在は小さく、バラバラに分離している」と教育され続けているのだ。それも早くから。
まだ自分という存在への驚きと賛美にあふれている３歳の子どもに、両親は「静かにしなさい！」と言う。
大いなる自分を表現しようとするたびに、周りから「小さくなれ、小さくしていろ！」と要求される。そうして20歳か30歳になるころには、すっかり「ちっぽけな自分」に慣れてしまい、生き残るためにそこにとどまる。大きくなろうとすれば必ず、ハンマーでたたきつぶされてしまうのだから。

世界を変えてきたのは、小さな自分でいることを拒んだ数少ない人たちだ。彼らは自分に問いかけた。
「もし、本当の自分がもっと大きな存在なら？　私の人生のビジョンがもっと壮大なものだとしたら？　いったい何が起こるのだろう？」
そうして彼らは、本当の自分と偽りの自分という二元性を克服し、分離という幻を超えて、ワンネス《ひとつであること》を生き始めた。
本当の自分、大いなる自我を生き、彼らの触れるすべての存在に真実の愛を感じ、経験したのだ。
私たちだって、みんなそうできるんだよ。

3つのラブ・エンダー

愛する人とのリレーションシップでさえ、「大いなる愛」を保てなくてダメになってしまうのですが、リレーションシップというフィールドにある落とし穴は、具体的にいうとどんなものですか？

もちろんわかるよ。その経験は豊富だからね。
（聴衆笑）
多くの場合、最初の問題は、**自分自身を愛する**ことを学んでいないことだ。ごく当たり前のことだが、私たちが相手に与えられるのは、自分が持っているものだけだ。
こっちに愛がなければ、向こうに差し出すことはできない。

けれど人は、自分を愛することを許せないために、探し求めている誰かとの真実の愛の経験から、自分自身を締め出してしまっているのだ。

次に、ようやく自分を愛することができるようになったとしても、今話したように、人がワンネスを生きようとすると、ありとあらゆる問題が発生してしまうような現実世界を、私たちが既に創り上げてしまっていることだ。
リレーションシップのフィールド(場)で、私たちの愛を待ち構えている具体的な罠《わな》といえば、3つのラブ・エンダー(愛を終わらせるもの)、**必要・期待・嫉妬《しっと》**だ。
私たちは、ほとんどの場合そのことに気づいてもいないし、それが自分たちにどう影響するかもわかっていない。
それらについて少し説明しよう。

まず最強ラブ・エンダー、**必要**。
人々が気づかないうちに忍び入り、根を張って、そこらじゅうのリレーションシップ・フィールドにはびこってしまう。
いいかい、**愛と必要**の違いがわからずに、日常的にそのふたつを混同している人たちは非常に多いが、**必要**というのは、幸せになるために「自分には何かが足りない。その何かは、自分以外のところにある」という幻想だ。
そう信じている人は、「愛」とよぶ名のプロセスのなかで、「必要な何か」のために、自分の持っているものを片っ端から引き換えに出してしまう。
なぜそんなことをするのかといえば、「どんな愛も条件付き」

という神話を信じているからだ。
だが、そんなのは本当の神ではない。
「神を愛さなければ、天国には入れてもらえない」などというのは、人間が作り上げた大昔の神のイメージにすぎない。
人々がどう思おうと、神はすべての源であり、神が持っていないものなど何ひとつないのだ。
神は、何も必要としない。あなたからも、誰からも。

そして人間は、神をかたどって創られた。
だから人間もまた、何も必要としない。
最も深く完璧な幸せは、あなたのなかにある。
一度それを見つければ、それに勝るものは何もない。
それを終わらせるものなど、どこにもなくなる。

２番目のラブ・エンダーは、**期待**。
あなたの人生のなかで、ある特定の人物が、特別な役割を演じてくれるという考え方。またその人物がいつも、あなたの考えるイメージどおりの人間でいてくれることを求める気持ちだ。
期待は、自由を制限する。
相手を完全に自由にし、そのままの彼らを愛する代わりに、相手が自分の作った型にはまることを期待するとき、自由という愛の本質が侵される。

ラブ・エンダーの最後は、**嫉妬**。
嫉妬がリレーションシップのなかで横行するさまには驚くばかりだ。

嫉妬は傍若無人に暴れまわる。相手の注目を自分からそらすことに対してならなんにでも、人でも、物でも——相手の友人や家族、余暇、はては子どもたちと過ごす時間にまで！
この手の嫉妬は、「幸せは、恋人がいつも私といっしょにいるかどうかにかかっている」という思い込みに始まる。
必要から生まれ、**期待**によってさらに強まる感情だ。
これは確実に、リレーションシップを死滅させる。

真実の愛を育てるためには、こういった罠があることに気づき、それが自分たちにどう影響するかを考えて、リレーションシップに侵入させないように気をつけることがとても大事だ。

あなたが花をあげる理由

ニール、本のなかに「リレーションシップは、本当の自分を宣言することで、相手からの反応を得るためのものではない」とありましたが、それについて、例を挙げて話してもらえますか？

いいとも。
数年前、私はカウンセリングをしていて、そこにひとりの女性がやってきた。彼女は夫との関係をさんざん嘆き、私はしばらくそれを聞いてから簡単な質問をした。

「ご主人に、最後に花を贈ったのはいつですか？」

「なんですって？　花？」
「そう、花です。花をご主人に」
「えーと、これまで彼に花なんか贈ったことはないと思うわ」
「ご主人を愛していますか？」
「はい」
「彼に花を贈ってみませんか？」
「花ねぇ、男性に花をあげるなんて考えたことなかったけど、案外いい考えかもしれないわね。やってみようかしら……でも、それって、本当に効果があるの？」
「ええ、あなたの目的にもよりますが」

翌朝、ドアを激しくたたく音がした。ドアの外には例の花のご婦人が立っていた……あんまりハッピーには見えない。
（聴衆笑）

「花を贈れだなんて！」
彼女は私を押しのけてなかに入ると、まくし立てた。
「私、やったわよ、そしたら彼がなんて言ったと思う？『ふ〜ん……で、これ、どうすりゃいいんだ？』よ！」
「そうですか。それで？」
「それで⁉　ひどいアイデアだったって言ってるのよ！」
「どうしてですか？」
「どうして？　どうしてですって⁉　彼がなんて言ったか、今話したじゃないの！　そんなんでうまくいったとでも言うの⁉」
「あなたは、彼の反応が気に入らなかったんですね？」

「当たり前よ！　あなただって奥さんにそんなふうに言われたら、うれしいわけないでしょ⁉」
「私は、妻の反応を期待して花を贈ったりはしません」
「何？　どういう意味⁉」
「花を贈るのは、私が、彼女への思いを表現することであって、彼女に私のことをよく思ってほしいからするのではありません。この行為は、私が彼女に花をあげたところで完成。そのあと彼女がそれをどうしようとかまわないのです。どんな反応でも、私は気にはしません」
「何よそれ、バカげてるわ！」
「たぶんね。でも、私は幸せですよ」

誰かのために何かするとき、それは自分のなかに効果を生むためであって、相手に自分が望んだ反応をさせるためではない。
何事も、本当の自分を経験するためにするのであって、そうでなければしないほうがいい。
どんなことをするにしても、その言葉や行動の唯一の目的は、
本当の自分、なりたい自分を体験するためだ。
あなたが至高の選択をするとき、偉大なる本当の自分を表現することを選ぶとき、それは、あなたの人生にかかわるすべての存在にとっての喜びになる。
「私たちはひとつ」ということを理解すると、あなたのいちばん大切なことが、彼らのいちばん大切なことであるのがわかってくる。
本当の自分、偉大なる最高のバージョンの自分を表現すること。リレーションシップは、そのためのフィールドだ。

世界最悪の親による子育てのアドバイス

子どもを育てる親たちへのアドバイスがありますか？

ここに座っていることの危険性は、私がすべての問いに正しい答えを持っていると思わせてしまうことだね。親へのアドバイスを求めるとしたら、私はいちばん最後の人間だろう。
たぶん「世界最悪トップ10」に名前が入ってると思うよ。
(聴衆笑)
とはいえ、それだけの誤りを犯したからこそ、逆にアドバイスできることがあるかもしれない。

私が思うのは、自分が愛されたいように、子どもたちを愛すること。期待も、要求もしないこと。そして何より、子どもたちが彼ら自身の人生を生きられるようにしてやることだ。
手放して、彼らの選んだ道へ行かせて、失敗させてやること。何度も転ばせてやって、起こしてやって、彼らがすることを助けてあげること。でも決して、彼らが自分の人生を生きるのを妨げることのないように自由を与える。
たとえ彼らにとっていちばん大事なことが、あなたには「間違っている」と思えることであっても、そうする自由を与えることだ。

それから、私があげられる最高のアドバイスは、
「私の望みは、あなた自身が、あなたのために望むこと。あな

たが生きたい人生を自由に選びなさい。あなたがどんなことを選ぼうとも、何が起きようとも、あなたを愛することをやめたりはしない」と伝えてやって、あなたの子どもたちを、神が私たちを扱うように扱うことだ。
私の両親がそんなふうにしてくれていたら、私の子どもたちにそうしてやることができていたら……と心から思う。

結婚には意味がある?

ニール、『神との対話3』で、あなたが結婚の機能について質問して……神はなんの意味もないと言って否定されました。
あなたはそれを信じますか？

うーん。たぶん、神が言ったことを読み違えていると思うな。
神は結婚に意味がないとは言っていないし、否定もしていない。
私たちの今の結婚についての方法……、

しきたり

そう、私たちが作ってきた「しきたり」、システム自体でも、結婚自体でもなくて、社会が構築した結婚のしきたり／慣例は、私たちの目的にそぐわない、正当でないと神は言っている。
正当かどうかというのは相対的なことがらで、目的に沿っているかどうかということだ。

信じられないかもしれないが、神は「正しい」とか「間違い」ということは、一切ないと言う。
正しいか、正しくないかはいつも相対的なことだから。
昨日正しかったことが、今日は誤りになる。その反対もある。
人生ではしょっちゅう起こることだ。
ここで話すまでもないが、誰だってちょっと考えれば、正と誤は相対的なことだとわかるはずだ。
神はそのうえで、私たちが人類として、個人として選択し、そうしたいと言っていること、表明していることと照らし合わせたときに、それが正しいか間違いか、要するに理にかなっているか、そうでないか、という言い方をする。

私たちは結婚を「人間が体験し得る究極の愛のカタチとして選ぶ」と宣言している。私たちはそう言っているんだ。
今までずっと、そう言ってきたはずなんだ。
そうして結婚のしきたりを作り続けてきたが、結局は、言っていることとはまるで逆の、人間が体験し得るほとんど最低レベルの愛のカタチを生み出してしまった。

手放すよりも、しがみつくことを。
成長させるよりも、制限することを。
自由にするよりも、所有することを。
周りのほとんどすべてのものを大きく豊かにするよりも、小さく惨めにしてしまうことを。

多くの場合が、愛とはまるで関係ない結婚の経験を生み出す。

私たちは、箱ものか、殻のような「はめ型」を作ってきたが、そういったものこそ私たちが結婚に期待していることだ。
欲しいのは“I love you”と言った瞬間にあるすべてを保持するための箱。その最初の一瞬にあったすべてのことを封じ込めておける入れ物だ。

でも人間は、状況は、移り変わる。変化する。
人生とは進化だ。

だから私たちが作り上げてきた結婚は、人生のプロセス自体に反してしまう。
社会や宗教や家族の伝統が作り上げてきた結婚のしきたりは、私たちを身動きできないところへと押し込めてしまうものだ。
多くの場合結婚は、社会や宗教、家族制度によって、

「すべてのことは、いつまでも変わらず永久に、今このときとまったく同じようにあること。あなたはただ私だけを愛し、今後一切、私以外の誰にも、私を愛したようなやり方で愛を表してはならない。
私が行くところ以外にはどこにも行ってはならないし、私といっしょにすること以外は、ほとんど何もしてはならない。
今日からあなたの人生を限定し、あらゆる面で少なくとも一定の限界を設けるものとする」

という囚人契約として使われてきた。
まさに、人々を解放し、限界を取り去るためのものがまったく

逆に、人に限界を課し、魂を閉じ込めるために働いていることになる。
これが私たちの作り上げてきた結婚の皮肉だ。

"I do"(キリスト教会の結婚の儀式で使う誓いの言葉)
"I do"と言った瞬間から私たちが人生で本当にしたいことは、まず("I can't do")できなくなる。

「七年目の浮気」

新婚や恋が始まったばかりの人たちは、なかなかこれを認めようとしないがね。彼らは３年か５年してからこの結論に至る。
よくいう「７年目の焦燥」といったところだ。
(マリリン・モンロー主演の映画のタイトルにも使われた決まり文句。邦題は『七年目の浮気』だった)
７年もすると、結婚の掟《おきて》によって、世の中で自分を経験する機会は増えるどころか、減る一方であることに突然気づくことになる。
もちろん全部の結婚がそうというわけではないが、そのほとんどが、と言っても差し支えないだろう。
それこそ離婚率がこんなに高い理由だ。
離婚の理由として、パートナーにうんざりしたということより、結婚によって押し付けられる数々の制限と条件にうんざりすることのほうがよっぽど多い。
人間の心は、自分が小さくなっているように要求されているのだと気づいてしまうのだね。

その一方で、愛とは自由だ。
愛とはそれ自体、完璧な自由なのだ。
愛は自由であり、どんな制約も、制限も、条件もない。

思うに人間は、この最も自然なことの周りを、とても不自然なもので取り囲んでしまったのだろう。
愛は、人生の冒険のなかで得られる内体験の本質だ。
しかし、私たちはこの超自然なものの真ん中に、不自然で窮屈な箱ものをこしらえた。
それこそが、人々が愛し続けるのを難しくしている原因だ。

新しいカタチの結婚

もしそれでも結婚が必要だというなら、私たちは結婚をこんなふうに作り直さなきゃならない。

「あなたを制限しません。関係を続けるための条件は一切ありません。どんな面においても、あなたの進化を阻《はば》むつもりはありません。この結婚、この新しいカタチの結婚に心から望むことは、あなたの経験——本当のあなた、あなたがなろうとするあなたの経験にエネルギーを送り込むことです」

それからもうひとつ、新しい結婚でいえるのはこんなことだ。

「あなた、あなたのあり方自体も変わることを認識しています。

考え方や趣味、望むことも変わっていくでしょう。あなたが何者であるかという理解全般はむしろ変化してゆくべきものです。もし何年たっても少しも変わらないとしたら、あなたの個性は停滞し、おもしろ味のないものになってしまうでしょう。
私にとって、そんなに残念なことはありません。
だから私は、進化のプロセスが、あなたに変化をもたらすことをよく理解しています」

この新しいカタチの結婚は、互いが変化することを認めるだけでなく、それを勇気づけるものだ。
人々が結婚に望むこと、そうしたいと願っていることを考えると、今までの古いしきたりは的外れだ。
目指すところへ行ける方法ではない。
それなのに私たちは、今日でもまだこの古いやり方でそこへたどり着けると思っている。

結婚の誓い、伝統的な結婚式での誓いの言葉は、(ありがたいことに何年もかけてほんの少しずつは変わってきたが)数百年たった今でも相変わらず「所有」について語っている。
こんな考え方が、真実の愛が生み出そうとするものの助けになるはずもないじゃないか。

ところが若い人たちは、これを知っている。
若者たちは直感的にこのことを知っているからこそ、1960年代、70年代、80年代になって、大人たちに向かってこう言い始めた。

「いいや、ボクたちはそんなこと信じないね。そんなふうにはしない。そんなやり方には従わないよ」

そして「同棲」を始めたんだ。
50年代末、1958年にこんなことをしたら、それこそ大変なスキャンダルだったが、これが60年代、70年代になると、「まったく、近ごろのやつらときたら！」と言われる程度になった。
そしてすぐに若者たちは、あっちでもこっちでも同棲を始め、

「あのさ、結婚なんて考え、とっとと捨てちまいな。だいたいそんなの意味ないよ。愛っていうのは、条件を付けないってことさ。誰かが誰かの所有物になったり縛り付けたりすることじゃなく、ひとりひとりの本質を解放して自由にして、広げていくものなんだ」

と言い出したわけだ。
こうやって時の始まり（天地創造の日）から、社会に道を示し、大きな変革をもたらすのは、若者たちと相場が決まっている。

「ボクらはもっといい方法を知っているよ。さあ、見せてあげる。ボクたちはこのやり方でいくよ」

と言い出したのは、私みたいな白髪まじりのヒゲおやじじゃなく、たいていは若い人たちのほうだった。
この大きな動きのなかで（これが、実におもしろいことに）若い人たち、ティーンエイジャー、20代前半だけでなく、年配の人

たち、80代、70代、65歳の年長者たちが、お互いの目を見つめ合って、

「なあマーサ、若いもんがやってるんだ。わしらもやってみようや——同棲しようじゃないか」

それでまた驚くようなたくさんの65、70、80歳のご婦人方が、

「あら、いいわねぇ！」

と答えている。

「ひとりで暮らしてるみたいだ」

ところで私は、結婚に反対しているわけじゃない。
はっきりさせておこう。今話しているのは、私たちがこれまで作り上げてきた結婚のしきたりのなかで、最も多く見られるケースについてだ。
条件や制限などまったくない、愛に満ちた結婚だってたくさんあるからね。私と私の妻もいい例だ。
今、こう言えるのが、とてもうれしいな。
（聴衆笑）
私と妻とのリレーションシップが、私の人生で最高のものだと言える理由はこうなんだ。

私と妻は限界を知らない。

私たちは互いの愛に、特別な態度や振る舞いを条件付けたりする代わりに、ただ相手にこう願う。

「あなたの真実を生きてください。本物のあなたを。もし私を愛するのに何か理由がいるのなら、私が私の真実を生きていることを選んでください」

どうだい？　これこそ祝福されたリレーションシップのなかにあって、初めて知る愛だよ。

ナンシーといっしょになって３年ぐらいたったとき、（実は、言ったあとで自分でも驚いたんだが）彼女にこんなことを言った。それはある日、ふとナンシーを見ると自然に口をついて出てきたんだ。

「ねえ、キミと暮らすのって、まるでひとりで暮らしてるみたいだ」

これって最高にいい意味なんだよ。
なぜって、私が私であるとき、いちばん自分らしくいられるのは周りに誰もいないときだ。ひとりっきりのときにしかできないようなこと。ベッドから出て裸のまま歩きまわったり（まるまる10分間も！）、キッチンにこっそりと降りていったり、プールに飛び込んだり（それも素っ裸でね）、なにか途方もないことを言ってみたり、歌を歌ったり……まるっきりひとりのときにしかできないだろうと思っていた、ありのままの自分でいることだ。
それが、この素晴らしい女性といるときには、ひとりっきりのときとまったく同じようにしていられる。
彼女は私を、私自身に戻してくれた。そしてこう言ったんだ。

「あなたのどんなところを、いちばん愛しているか知ってる？」
「いいや、どんなところだい？」
「今、そのまんまのあなた」
「それって、太ってることも、全部？　バカ笑いも全部ってこと？」
「その笑い方があっても好きなんじゃなくて、それがあるからこそ、あなたを愛しているの。あなたが自分で欠点だと思っていることがあってもいいというのじゃなくて、そんなあなたであるからこそ愛しているのよ」

これこそ、愛だ。
それ以外は全部ニセ物でしかない。

最大の欠点

ところで、欠点って何だと思う？
——どこかにハンカチを忘れてきちゃったよ、こんなに泣ける話なのに……。ええと、欠点とはなんのことか知ってるかい？
（部屋にいたひとりが、ニールにティッシュを手渡す）
どうもありがとう……。

以前私は、自分が欠点だらけの人間だと思っていて、だから当然人間関係もちっともうまくいかなかった。
よく、私がただもうちょっとでもきちんとできたら、人に喜ばれるとまではいかなくとも、せめて我慢してもらえる程度にはなれるだろうに、と思っていたもんだ。
私にはいろいろ欠点がありすぎると思っていたから。
両親も含めて(神様、彼らに祝福を)私の人生で出会った人々は、みんな折に触れ、私の欠点をあげつらってくれたからね。
(聴衆笑)
ところが何年か前、ある師に偶然出会って、彼女はこのことについて驚くほどはっきりさせてくれたんだ。

「あなたの最大の欠点が最高の財産であり得る、と考えてみて。ただほんのちょっと、ボリュームを上げすぎているだけだと。人があなたを大好きになる理由とまったく同じポイントが、少しだけボリュームをいじったために誰かを引かせる理由にもなり得るってことを……そうね、だからあなたの友人たちが、『あいつ、ちょっとやりすぎだぜ』と思って、あなたを『大ぼら吹き』とよぶのとまったく同じあなたの資質のことで、彼らが何かの集まりで困った状況をなんとかしてくれるリーダーが必要なときには、『ニールがいるよ！　彼こそリーダーだ。なあ、だからボクらはキミが大好きなのさ、ニール！』と言うのよ」

私はきわめて自由気まま、奔放な人間だ。
だからみんなが、臨機応変にすぐその場でアドリブの利く誰かが欲しいとなると、「そりゃニールだ、ニールが最高だ！」と言い出すわけだ。
ところが、この自由な気ままさというのは、また別の言い方では……はい、みなさんごいっしょに！
『無責任！』そう、そのとおり。
(聴衆笑)

ということは私の無責任さとは、「自由気まま」のボリュームの目盛りが、ほんのひとつかふたつ分高すぎるだけということになる。だからその師の言ったことは、

「ニール、問題はただときどきボリューム調整がほんのちょっとずれているだけなのよ。でも、それを消してしまわないこと。あなた自身を変えてしまおうとしないで。あなたらしい振る舞いをなくしてしまわないで。消し去ってはいけない。ほんの少しボリュームを落としてみるだけ。
あなたのすべての面で、どんな瞬間にもちょうどぴったりのボリュームが必ずあることに気づいてほしいの。
だからときにはボリュームを上げなきゃならないし、またあるときは下げなきゃならないってことなのよ」

実に素晴らしい考え方だと思わないかい？
これでもう私は自分が欠点だらけの人間だと思わないですむ。
たくさんの長所があって、それがときどきちょっと大きくなりすぎるってだけなんだ。
もう今はそんなこともあまりなくなったがね……そうでしょ？
(聴衆笑)

魔法の言葉

本物のリレーションシップのなかでは、こうい ったことがすべて理解できる。真のリレーションシップというものは、

「私が、自分自身のなかに見ようと選んだものを、あなたのなかに見、自分自身が受け取ると決めたものを、あなたに与える」

ということと同時に、

「私があなたから取り上げ、持っていることを認められないものは、私は自分からも取り去ることになり、私があなたに持つことを許せないものは、私も持つことはできない」

というまったく新しいパラダイムの上に成り立っている。
つまり私たちの課題とは、

「なんの条件や制限もなく、相手に決してNOと言わずに、その代わりシンプルにYESと答えられるだろうか？」

「想像し得るかぎり最高の愛の表現として、リレーションシップを活用できるだろうか？」

「あの『魔法の言葉』を言えるほど、愛することができるだろうか？」

その魔法の言葉とは、“I love you” ではなくて(正直言って、それは使われすぎて意味が薄れてしまったからね)、この魔法の言葉。

“As you wish”(あなたの望むままに)

As you wish——あなたの望むままに。
この言葉が言えるようになったとき私たちは、人々を本来のその人自身へと戻してあげることができる。
本当の意味でそう言えるようになるまでは、ただ自分自身の幸せのために必要だと思った何かを運んできてもらえるよう、相手を利用しているにすぎないんだ。

勢力闘争

えっと、質問は山ほどありますが、リレーションシップは私の人生を費やしてきたテーマです。もう何年もリレーションシップについて人に教えていますし結婚も長く続いています。
あなたが言っているとおりの仕方で、これまでたいへん首尾よくやってきました。そう、とても自由な結婚生活で今まで本当によくやってきたんです。
この結婚は、スタートのときに私が作った宣言文「私たちのリレーションシップは、世界によい影響を与え、世の中に貢献します」という考えにのっとってきました。
自分が思い描いたビジョンには合わなくても、それはきっと、私自身のためになることなんだと思って。実際それでよかったんです。私が望んだような展開には見えなかったときでも。
私のリレーションシップについての課題は、いかに世の中に寄与できるか、ということなんです。

すると、何が問題かな？

ええ、それがどういうわけか今になってうまくいかなくなったんです。問題は私たちが、パワー・ストラグル（権力・勢力闘争）にハマってしまって、そこから動けなくなっていることです。
どうやって抜け出せばいいのかわかりません。
だから、なんて質問していいのか、ただ、私はとても深く夫を愛していて、彼もその、どこかずっと深い本質的なレベルでは私を愛してくれていると……。

あなたがその勢力争いのなかにいるってことはわかった。
じゃあ、少し心ない言い方に聞こえるかもしれないが、それについては「だから、なに？」と聞きたいな。
なぜそれがいけないの？
パワー・ストラグルの何がよくない？　どこが困るんだい？

私が今不満に思うのは、このリレーションシップから自分は何も得られていない、ということです。
それで先ほどから、リレーションシップから何かを得ようとしないで、もっぱらそこに注ぎ込むことを考えるというお話が心に引っ掛かっています。あなたが言っていることはよく理解できるのですが、私には本当の愛の体験が足りない気がします。

本質的なところでは深い愛があるんです。
私たちがもう死にそうなくらい疲れきって、戦いを投げ出したとき、ようやくボクシングリングから降りられて、初めてふたりがいっしょになったように感じることがよくあります。まるでふたりのボクサーが、試合終了のベルが鳴ったとき互いに抱き合うように。
それが私たちの愛の瞬間なのです。
本当はとても深く愛し合っていますから。
私と彼はまったく同等なので、闘いも互角で果てしなく続き、心底疲れ果てます。そして闘っていないそのときにこそ、パートナーシップと愛の深い絆に気づきます。それなのに、毎日闘い続けて、お互いをひどく傷つけ合っているのです。

では、それをやめればいい。

だって、それをやめるには、自分によくない条件に合わせなきゃならないでしょう？

あなたのためにならない条件に、自分を合わせてはいけないよ。合わせるってことに抵抗して、もとの問題を大きくしないように。ただ、合わせないだけ……じゃあ、わかりやすい例を使おう。

結婚式を挙げたばかりの夫婦が帰ってきた。夫は花嫁を抱いて新居の敷居をまたぎ、ドアに鍵をかける。そして……、

「よし。では、これから我が家の方針を話しておくぞ。ちゃんと食っていけるように、オレは毎日しっかりと働く。だから夜は、やりたいことをやる。――月曜の夜は、友達と飲みに行く。火曜の夜は、ジョンのところでサッカー中継を見て、水曜はビリヤード、木曜はカジノ、金曜は仲間とクラブに行って、土曜の夜は、おまえとメイクラブ。日曜の夜は、自分の部屋でDVDを見る。いいか、これが我が家での暮らし方、オレのスケジュールだ。文句はあるまいな」

「あなたのお望みのとおりに」花嫁は答えた。
「あなたの選択が、あなたのための私の選択よ。それじゃあ、私のプランも話しておくわね。私も毎日一生懸命働いて、夜は好きなことをして過ごすつもりよ。ということは、月曜から金曜までは毎晩、この家でセックスを楽しみます。――あなたがここに、いらしても、いらっしゃらなくても」
(聴衆笑)

この旦那がそれからどうしたか、当たっても賞品は出ないよ！
(聴衆笑)
みんながこの花嫁と同じじゃないだろうから、このとおりに真似はできないし、これがすべての勢力闘争の答えになるというわけではないが、私が言ってるのは、相手があなたのためにならないことをしているときには、ただすっきりと自分の中心に戻って、そこからあなたの真実について話をするってことだ。相手を悪者にしないで、心をオープンに、愛を込めて。
そうすれば、事実の全部に光を当てて、ふたりとも自分にとってベストの選択——本当の自分は何者であるのか、人生に本当に大切なものは何かをよく考えたうえでの決断をすることができる。
試してごらん。そうしていけば勢力闘争はもう起こらなくなる。

変わってしまったパートナー

ほとんどの場合パワー・ストラグルは、いっしょに過ごす時間があるかどうかと、相手のやっていることが問題の始まりだ。
つまり、「あなたは私といる時間が足りない」あるいは、「あなたは私がやってほしくないことをしている」ということが原因になる。
これが実際の生活のなかではどんなものか見てみよう。

結婚してから３年くらいは多くの時間をいっしょに過ごしていた相手が急に仕事中毒になって、いっしょにいる時間はどんどん減ってきた。結婚から７、８年目には、いっしょに過ごす時間などほとんどなくなってしまう。
こうなるとあなたは、相手の時間をコントロールしようとし始めてパワー・ストラグルが始まるという仕組みだ。
それであなたはパートナーに、

「ねえ、もっと家にいてほしいのよ。少なくとも４回の週末のうち３回くらいは。あなたがずっと仕事ばかりなんてイヤだし、すごい映画のロケだか大きなプロジェクトだか、なんだかよく知らないけど、そっちにばかり集中して私のことなんかちっとも気に掛けていないじゃないの」

相当ストレートな物言いをする人ならだけど、たぶんこの程度まで言える人も少ないだろう。問題が見えたらすぐに、

「正直に言うわ。あなたに注目してほしいの、あなたの時間がもっと欲しいのよ」

と言えばいいのだが、なかなかそうはいかない。
だから、パワー・ストラグルに発展してしまうのだね。
たぶんパートナーは妥協して、

「わかったよ、週末に出かけるのは月に１回か２回だけにする」

ということで、その場の交渉は成立するだろう。
そうしてある月、週末に３回出かけることになると罪悪感を持つようになる。こうなると、なんだか相手にうるさく突っつかれてコントロールされているように感じ始め、恨みは募り、それはすぐに勢力闘争、パワー・ストラグルへ突入だ。

「いったいキミにどういう権利があって、ボクがすることに口出しするんだ？」

という具合にね。

キミを悪者にしてはいないよ

もし私のパートナーが何か私の賛成できないこと、どんなことでも私が困ることをしているのなら私はただこう言うだろう。

「わかってると思うけど、キミは好きなようにしていいんだよ。ただキミが４週末のうち３週までも出かけてしまって、家にボクといっしょにいないというのは、イヤなんだ。
キミがそうしたいならそれでもかまわないけど、こんな状態が長く続くようならボクがどうするか知っておいてほしい。
ボクは週末をいっしょに過ごせる誰かほかの人を見つけるつもりだよ。キミを脅しているわけでも、釘《くぎ》を刺しておく、というのでもない。ただ単にボクにはどう影響するかってことを話しているんだ。
ボクは誰かといっしょにいたい。
人生の日々と大切な時間を、愛する人と分かち合いたい。
もちろんキミが必ずしもその相手役になることを選ぶ必要はない。キミはキミが望むことを、キミにとっていいことをすればいいんだよ。だからボクには恨みも、怒りもないし、動揺もしていない。キミを悪者にもしていない。ボクの真実を伝えているんだよ」

で、それからこう言って会話を終わらせる。

「もし自由に相手を選べるなら、ボクが選ぶのはキミだ。だからこそ、この指輪をしているんだよ。キミが、ボクと同じ選択をする必要はないけれど、ボクはキミを一番に選ぶってことを知っておいてほしい。そのうえでボクには二番目、三番目、四番目の選択肢だってあるってこともわかっていてほしいんだ」

これは情報を伝えているのであって、ケンカを売っているのではないし、言い負かそうというのでもない。
「現状はこうなっているよ」と伝えることだ。

「現状は、こういうことになっているよ。だからボクはそれを愛を込めて、心を開いて、ただ正直に話している。愛し合っている者たちはそうすべきだと思うから。
さあ、これでボクの正直な気持ちは話したし、事態も把握できたから、ふたりともちゃんと理解したうえでの、いい選択ができるね」

自分自身の強さに戻る

私が言っているのは既にもう舞台の袖《そで》に誰かを待たせていて、

「キミがちょっとでもトチったら、すぐにそっちに飛び込むから、よくよく考えたほうがいいぞ」

なんてことではないよ。今言ってるのは、

「キミがボクに合わない行動を長い間続けるなら、それはボクの人生に機能しないわけだから、そのときはほかの選択肢を考える」

ということだ。ところで、逆の場合でもそう。

「ボクがキミに合わない行動を長い間続けるなら、それはキミの人生に機能しないわけだから、そのときはキミにもほかの選択肢がある」

と言える。相手のすることを、ただひたすら受け入れなければならないというのではない。そんなことはしなくていい。
わかってほしいのは、こういうことだ。

「キミがその行動を長い間続けるほうを選択するのなら、ボクはたぶん自分の人生を生きていくために、ちょっと調整し直さなきゃならない。そしてそこには、ボクがキミといっしょにしたかった多くのことを、いっしょにできるほかの誰かを、ボクの人生に招き入れるという選択も含まれるだろう」

わかるかい？　力《パワー》で強要しなければ、パワー・ストラグルは生まれない。
お互いにか、あるいは少なくともひとりが、争いから抜け出して自分自身の強さへと戻ることだ。
相手を悪者にしないで、なりたい自分になれるように。
自分の選択を生きられるように。

「あなたはあなたの選択をしてください。仕事を選ぶなら、選んでいいのよ。あなたにはどんなことでも、あなた自身の選択をしてほしいの。そして私は私の選択をします」

これで相手は自由に価値判断することができる。
ふたりの間のリレーションシップが変化することと比べても、たとえもういっしょに暮らすことがなくなっても、仕事のほうが大事かどうか。彼は意味のある判断をするだろう。
週末の仕事を続けて、彼女とのリレーションシップがそんなふうに変わってしまってもいいのだということを示すか、あるいは週末に仕事を入れるのをやめるだろう。
でもそれは彼女に強制されたからではなく、自分の行動をコントロールすることで、人生を自分自身でコントロールできるのだという理解から、彼が自由意志によって力強い選択をしたからだ。この違いがわかるかな？

よくわかりました。ありがとう。

よかった。愛ならそうなるよ。
愛とは決して、力の争いではないから。絶対に。

傷つかない別れ方

今の方法は「別れる」ときにも有効ですか？

もちろんだよ。

リレーションシップの絶妙な用い方の意味するところは、私たち自身を相手に精いっぱい与えるということだ。
そうなると、たとえ「もう、あなたといっしょには暮らせない」と言うときにも、無条件の愛を経験できる。
いわゆる「別れ」のときでさえ、苦渋を味わわなくていい方法を見つけられるんだ。
互いに見つめ合ってこう言えるだろう。

「いっしょにいるときは終わったようだね。ボクたちはこれまでと変わりなく無条件に愛し合い、精いっぱい与え合うことを続けるが、ただそれは部屋の向こう側、通りをはさんだあちら側、それかこの世界のどこかからになる。理由は、キミの選択することと、ボクの選ぶ生き方とが今は調和していないからだ。だからといって、もうキミを愛していないということではないんだよ」

どうにかして相手の間違いをほじくり出したり、自分の真実を正当化するために問題の一部を相手のせいにする代わりに、真実を話せる。
そうなれば、私たちが人生に切望する、永久に続く、愛に満ちたリレーションシップをついに実現することも可能になる。
こんなリレーションシップには、もはやどんな条件も限界もなくなるのだから。

神様にこっぴどくやられるぞ

ニール、リレーションシップにおける、あなたご自身の一番のチャレンジはなんですか？

私のリレーションシップにおいての一番のチャレンジは、透明性。ありのままであること、隠しごとがなく正直ということだ。何年もいっしょに過ごしている素晴らしいパートナーとの間でさえ、小さな恐れを感じる瞬間というのは常にある。
もし彼女がこれを知ったらどうなる？　もし、あのことがバレたら？　もうボクを愛してくれないかも。
ほら、あの5000ドルを株に突っ込んで失くしたこと、彼女にずっと黙ってたし、それに午後からちょっと出かけて行って突然車なんか買っちゃったし……。

あれは2年前にやらかした出来事だった。
私は車で走っていて、カーショップに入った。
新車のショップだった。そしたらそこで、ほんとにほんとに欲しい車を見つけて、言ったんだ。
「それ、買うよ」って、軽く。
20分もかけずに新車を1台買ってしまって、それに乗って家に向かった。帰り道ずっと、

「こりゃ、ヤバいぞ。どうやったら妻に隠しておけるだろう？」

と考えていた。
もちろん遅かれ早かれ見つかって、たぶん夕食の前ぐらいに、

「ねえ、庭にあるのは誰の車かしら？」

となるのはわかりきっているのに、まるで6年生の子どもに戻ったみたいに、「どうやったら少しでも長く、隠しておけるんだろう？」と本気で考えていたんだ。
でもそのとき「おい、これってバカげてるぞ」と思い直し、運転しながら携帯をとって、

「今帰るから、外で待ってて。見せたいものがあるんだ」
「何？　なんのこと？」
「車を買った」(ゴクリ……)

だから私にとって完全に正直であることは、心から信頼できる人に対してでも、リレーションシップにおける一番のチャレンジだ。
私はナンシーを人生をかけてもいいほど信頼しているし、彼女の無条件の愛も信じているが、それでも自分がどう感じ、思い、考え、理解し、または誤解するか、すべてのことに関して彼女の前で完全にクリアでいること、フルにオープンで、まったくあけすけでいることには、今でも不安を感じてしまうんだ。

この思いがどこからきているかについて私なりの考えを話そう。
リレーションシップにおいて正直であることへの恐れは、ずっ

と大昔の神に対する恐れではないかと私は思う。
それは、こんな考え方だ。

「このことで神様は、ボクにきっとひどい罰を与えるぞ」

おかしいよね、私のなかの小さな部分にはまだ、こんな思いがある。私自身の身に起こった出来事、驚くべき「神との対話」という経験があった今でも、まだこんな考えを持ってることを白状すべきだろう。ときには夜眠れずに何度も寝返りを打って、

「ああ、もし、すべてが私のでっち上げだったら？　もし全部間違っているとしたら？　もしこれで何百万人もの人たちを誤った方向へ連れて行くことになったとしたら？　だって、よりによって神様のことでだよ。もし間違いなら神様はきっと私に、ものすごい罰を下すに違いないぞ……」と。

そこで私は、神の前で正直にならなきゃいけない。

「あの、神様。もし私が間違っていたとしても、わざとじゃないってわかってくれますよね。全然そんなつもりはなかった。私が言ってるのは、ウソをついて、誰かをだまそうなんて思ってなかったってことですよ。だからもし、ちょっとでも御慈悲があるなら、どうか今回のところは勘弁してください！」

わかってると思うけど、もちろんこんなのは、本当の神とは全然違う。これは私の想像のなかの神、恐れのなかに住む神のイ

メージだ。

そこで私たちは、心の奥深いところにある、神によって裁かれ、誤解され、罰せられるという恐れを、人生のなかの人々、パートナー、愛する人、仕事の上役、人生の大切な部分を左右する人たちに投影しているのではないかと思う。
だからリレーションシップにおける私の一番のチャレンジは、人生のなかの大切な人々を神として、私の親友である神として考えるということだ。
神との友情を持つように、私のパートナーと、愛する人たちと精神的にも肉体的にも素っ裸で目の前に立てるような、そんな素晴らしい友情を持ちたい。そして、

「ほらこのとおり——何も、なあんにも隠してないし下心もないよ。これがボクのすべてさ！」

と言えることが私の日々向き合っている最大のチャレンジだ。

「彼女を愛しているに決まってるよ！」

「真実を述べる５つのレベル」ってありましたね？

そう、そうだったね。
リレーションシップにおいての透明性について話すとき、真実を語るということについてよく考える。

透明性というのは、まさにそのことを意味しているからね。
これによってパートナーと、広くは世界と、まったく新しい確実なやり方で生きていくことができる。
そしてこの真実を語るということには、５つのレベルがある。

真実を語る最初のレベルは、
「**自分自身について、自分に本当のことを言う**」だ。
これは私にとって、とても大きな挑戦だったよ。
なにしろずっと長い間、自分にウソを言い続けていたから。
自分にウソをつくなんて考えにくいが、実は簡単だ。
私はずっとやってきた。多くの人がしていることでもある。
私たちは「心の奥では知っている自分についての真実」を信じず、周りの人たちが言っていることを無視しようとする。
ところが、実は彼らというのは、あなたがあなた自身のために、あなたの人生に創り出した人たちだ。
つまり彼らが言っていることは、あなた自身が、ただ彼らを通して「心の奥では知っている自分についての真実」を自分自身に話していることになる。
だから、彼らの言うことが「いい」ことでも「悪い」ことでも、否定せず、よく聞いてみることが大切だ。

真実を語る次のレベルは、
「**人のことについての真実を、自分に言う**」だ。
私はこのレベルでも、何年も何年もウソをついてきた。
例えばそのころいっしょにいたパートナーについて、彼女を愛していると自分にずっと言い続けていた。

もし「彼女のこと、もう愛していないのかもしれない……」なんて思おうものなら、頭のなかから「バカ言うんじゃない、彼女を愛しているに決まってるよ！」という声がした。
だって私はそう思うべきだし、そうすべきだったのだから。
そんなふうにして、ずっと自分にウソをついていた。
ある日、相手についての本当の気持ちを、自分自身に言うまでは。声に出して言ったわけじゃない、ただ心のなかで自分に言っただけだったが、それはそれは大きな壁だった。

第三のレベルは、
「**自分についての真実を、人に言う**」だ。
裸になるってこと、手の内を全部見せるってことだ。
ちょうど今ここでやっているように。
５枚のカードのうち４枚までは見せても、１枚は隠しておく。
人はどういうわけかそのやり方が人生で「勝つ」ために役立つと信じていて､恐れや記憶や感じたことをシェアしたがらない。
いちばん愛している人にさえそうだ。
多くの場合は、それで余計な争いを避けることができると思っているが、実はそうでもない。
何か隠しているようなときはなおさらだ。
ふたりの間では、あとで訂正のできる余裕を持って、そのときどきに感じたことを伝え合えるリレーションシップを作っていくことが大切になる。
ふたりのリレーションシップを長く続けたいのなら、パートナーが自分に関係のある、あなたの過去、現在、未来について知ることがきわめて重要だ。そうしないと彼らは自分がどんな人間とともに人生を創造しているのかがわからないのだから。

第四のレベルは、
「**人についての真実を、その本人に言う**」ということ。
もちろん絶対的な真実というものは存在しない。
あくまでも、私にとっての真実ということだ。
それは、私が信じるその人についての最も深いところでの真実をその当人に打ち明けるということであって、例えば「うへぇ、なんてかっこ悪いTシャツ着てやがるんだ、おまえ！」とか、「ひどい仕事してるな、かわいそうに」とか、頭に浮かぶ印象を全部口にするってことではない。
そういうのは、ジャッジ(よい、悪いの判断)から来ていることで相手に役に立つことではないからね。

「最も深いところでの真実」を、多くの人は「相手を傷つけたくないから」言わないでいるが、最後になってそれがわかってしまうことより深く傷つくことはほかにない。
特にふたりの間ではたいへん難しい。
あなたの真実をパートナーに隠しておくことは不可能だ。
それがあなたのパートナーについてのことならなおさら、必ず最後にはわかってしまうのだから。
だからこそ、感じたそのときに言うほうがずっといい。
たとえ「さよなら」を言うときでも。
『どんなときでも、真実は人を自由にする』のだから。

そして第五のレベルは、そこまで行き着くと、

「すべてのことについて、すべての人に、真実を言う」
ことになる。
リレーションシップの始まりにこう言えばいい。

「ボクのことについて、何も不安に思わなくていいよ。今、全部話すから。今のボクたちに関係ある過去について、ボクの考え方、感じ方、アイデア、希望、それに今ある恐れとか、未来の夢も。
キミが聞いておく必要のあることはすべて話す。それからキミのことも聞かせておくれ。そうすればすべてを知ったうえで、大事な選択ができる。真実をシェアし合って、お互いの本物の人生のために『今、ここ』に100%生きよう」

もし、私たちがこの５つのステップを達成できるなら、それは、天国への５つのステップを上ることになる。
ウソがいらなくなるってことは、そこはもう、天国なのだから。

鏡の法則

ちょっと聞いてみたいんですが、リレーションシップでの『鏡の法則』、人のイヤなところは、実は自分のなかのイヤなところだっていうことについて、少しコメントをもらえますか？

そうだね。私も今はもう、人の何かを見てイヤだと思うことはほとんどない。

というのも「人のなかの何かイヤなところ」っていうのは、ただ単に「自分のなかのイヤな部分」だってことが、だいぶ前にわかったからだ。
そしてここ何年かは、自分のすべてが好きになった。
すごいだろ？
（聴衆笑）
そこに座って私を見ているあなたがたには信じにくいかもしれないが、私は今、自分のことが本当に大好きなんだ。
自分の容姿も、自分の態度も、考え方も、バカげたところも、気ままなところも、全然型にはまらない自由奔放なところも好きだし、いいところばかりじゃなく、ほら、私の笑い方だって好きだ。つまり自分のすべてが好きなんだよ。
もっとも、こんなふうに感じられるのは、生まれて初めてだと言っておかなきゃならないがね。

こんなふうに感じているおかげで、今は人の何かを見てイヤだと思うことはもうほとんどなくなって、おまけにとてつもなく寛容になった。
周囲を見回して、ただもうみんなを愛せるなんて、ただごとじゃない。
ほんの２、３年前なら、すぐさま拒否反応を起こしたような人の態度や性格、気質といったことも受け入れられるのだから。
自己愛は、人々への莫大《ばくだい》な愛になるんだ。

「わぉ、自分を愛せれば、なんだって愛せるってことだぞ！」

とね。

苦痛のない愛の経験

ときに痛みが心を打ち開いて、もっと愛を感じられるようになるというようなことを聞いたことがあるのですが。どうして心は愛を感じるために傷つく必要があるんでしょうか？

そんなことはない。
愛のために傷つく必要など決してない。
その人はたぶんある結果から見て、「痛みが心を開くことになり、もっと愛を感じられた」というパターンがあると言ったのだと思うけれど、すべてが必ずそのパターンに当てはまるわけではない。

私たちは「愛は傷つけるもの」「苦悩は愛へ至る道」という文化的な通念をもとにした強力な思い込みのなかに生きている。
ほら、よく「苦労なくして利益なし」みたいなこと言うだろう？
だから、そういった考え方は受け入れられやすいのかもしれない。
しかし私は、痛みや苦悩などまったくなしに、ただひたすら幸せに、より大きな愛を経験することは間違いなく可能だと思っているよ。
ここ数年ずっとそういう気づきがあって、私はそれを知っている。だから今ならこう言えるんだ。

「苦痛」と「愛」はいつも手を取り合っていっしょにあるものだとか、愛へとたどる道はひとつしかなくて、それは「苦悩」と記された扉を通らなくてはならないとかいう考えは、無意味だと。それは文化的な通念であって、私たちはそれに従う必要などない。
ただそこから離れると自分で決めるだけで、離れられるんだ。

それじゃ、恋人が去って行ったときでも痛みはないと？

ない。恋人が去っても痛みはないよ。
相手によって傷つくのは、あなたがリレーションシップの本当の意味を忘れてしまったときだけだ。
リレーションシップが『魂の仕事』であり、本当のあなたを実現するプロセスであることを忘れると、傷つくことになる。
あなたがリレーションシップを自分自身を創造するツールとして使うとき、もはや人から傷つけられることはない。
——彼らが去って行くときでさえも。

私も以前は、恋人が出てゆくと私自身の確証や私が何者かという認識までもが、彼女といっしょにドアから出て行ってしまうと思っていた。
だからあなたの言っていることはよくわかるのだよ。
もしそうなら、リレーションシップが『魂の仕事』であると本当に理解できるまでは、あるいはどうしても傷や痛みを感じてしまう間は、その感覚を大切にすることだ。
なぜなら、それらの感覚を自分のものとして——なりたくない自分としてしっかりと受け入れるとき初めて、それを手放すことが可能になるのだから。
マスターたちは、そういうことに傷や痛みとして反応した結果が、最後にはどうなるかを既にわかっているので、試してみる必要がない。
だから彼らは、悲劇のなかでも落ち着いてそれを祝福し、自身の成長と『神の仕事』を成すチャンスとしてとらえることができるんだ。

「わぉ、あなたってセクシー！」

あなたの生涯で、ナンシーはどういう役割を持っていますか？

その答えは神の二分法のようになる。
彼女はすべての役を演じながら同時になんの役も演じていない。
つまり、ナンシーによって私の人生が成り立っているのではないことは、はっきりしている。
そうでなければ、私はまた「もし彼女を失えば、すべてを失うことになる」という恐れに逆戻りしてしまうだろうからね。
だから私はナンシーを、「私の人生の一部だ」とか、「彼女が、私が今のようにあることを可能にしているのだ」とは考えない。
にもかかわらず不思議でおもしろいことに、私の生涯は彼女なしでは考えられない。
だから、これは神の二分法なのだ。

私の人生のなかでの彼女の役は、私が自分を見るように、私を見てくれるメインの人物だと思う。彼女は、私が思い描く私自身をそのままの形で見ていてくれる。
それは愛だ。愛はこう言う。

「私が見るあなたは、あなた自身が最高だと思うあなたです」

そして本当の愛ならば、さらにこう言うだろう。

「私は、あなたの知っている『最高のあなた』を見ているだけではなく、あなたが自分では気づかない『もっと素晴らしいあなた』のことも見ています」

ある人がこう言っていたな。

「もし私たちが、神様が見てくださるように自分自身を見るなら、毎日もっと笑顔でいられるだろう」

ナンシーは私を、神が私を見るように見ていてくれる。
そして彼女はいつでも何かすてきな言葉をくれるんだ。
ちょっとしたことさ。ついさっきも私のそばを通りかかって、
「まあ、あなたってハンサムね！」って言ってくれた。
あんまりこんなこと、しゃべっちゃいけないんだけどね……。
でももし私がたとえ一瞬でも自分のことについて考えると、自分の容姿は魅力的でないという古い思い込みに戻ってしまうのだけれど、ナンシーはそこから私を助けてくれる。

本当にあなたを愛してくれる人は、いちばん大胆でポジティブな考えを、声に出して言ってくれるんだよ。

あなたを本当に愛してくれる人というのは、いつもあなた自身についての、あなたのいちばん大胆な考えを肯定してくれる。

「それでこそあなたよ、あなたなら大丈夫！」

ね……そんな、ひとり心の奥で密かに思いはしても、決して口にはしないような考えだ。
もし言ったら人はああだこうだ言うだろう。
利己主義だとか無責任だとか、なんとでも。そういう自分自身についての心の奥に秘めた考え、これって自分を買いかぶりすぎだろうか？……というようなこと。
ところがね、キミを心から愛してくれる人がかたわらにいたら、そんなこと心配しなくていい。
彼らが言ってくれるんだから。

「わぉ、あなたってセクシーね！」
「まあ、なんてパワフルなんでしょう！」
「ああ、なんていい人なの！」
「まあ、あなたって素晴らしいわ！」
「ああ、あなたが私のパートナーだなんて、私ってラッキーね！」

ナンシーはこんなことを毎日、四六時中言ってくれる。

ナンシーから、私についてのアファーメーションが途切れることはないんだ。
これが私の人生でどんな役を果たしてくれているかって？
それはもう言葉にできないよ……。

運命の人を見分けるには

本のなかで、自分の望むこと「何になりたい、何が欲しい、何がしたいかを見つけ出すこと」とありますが、私はそれをリレーションシップにおいて、本の言葉どおりに、どんなパートナーが欲しいのかを書き出して実践しています。
それで気づいたのですが、私の前に現れる人は、どうも思っていたイメージとは違うんです。
それでちょっと戸惑っています。
ただ座って書き出しているのではなくて、宇宙が差し出してくれるものに目を向けるほうがいいのかどうか。
コメントをいただければと思います。

もちろんだ。ありがとう。とてもいい質問だ。
リレーションシップでも、人生のどんなことでも、自分が何を選ぶかについては明確でありたい。
そして自分に対して思いきりこと細かなところまで、はっきりさせたところで、現れてきたものを受け取る。
その理由は、神が執り行う奇跡を妨げたくはないからだ。
神には細かいことまで頼んだりしないで、ただそのときのイメージを伝えるようにしているよ。

私は若いときに、完璧なパートナーの理想像があった。
だからそれに当てはまらない人はほとんど自動的に拒否していて彼らのすぐ横を通り過ぎておきながら、まるでそこに誰もいないかのように、気にもとめなかった。
そんなとき、あのとっても美しくて愉快な出来事が私の人生に起こったんだ。
私は私が作り上げた理想像とはまるで違う女性と恋に落ちた。
この特別なリレーションシップに、私はほとんど反対を向いたまま入ったようなものさ。さっき言ったように普通ならきっと、ただ通り過ぎてしまうタイプの人間だったからね。
ところがどういうわけだか、あるいはちゃんと理由があって、私はそこに立ち止まった。
その瞬間、彼女が並はずれて素晴らしい人だとわかった。
そしてこれまでかたくなであったことで、どれだけ多くのものを見つけ損なってきたかに気づいた。

人だけじゃない、出来事、場所、私の人生のすべての面で、こうでなければいけないと決めつけていたせいでね。
例えばパーティーに行っても、それが確かに期待したとおりでなければすぐに出て行った。そのころの私は、自分が予想する範囲内でだけ生きていたんだ。
リレーションシップについては特にそうだった。
そのために人生のとても多くの部分を、まるっきり見損なっていたのだ。

ナンシーは、私がそれまで描いていたイメージ、ずっとつき合うことになるだろうと思うようなタイプには、いろいろな面でちっとも当てはまっていなかった。
いろんなことのなかからほんの一例をとっても、彼女には分別があって、自由気ままな私とはまるで違うとかいうように。
今はこのような違いで、私たちの間に距離を作ることも、彼女を対象外と見なす必要がないこともわかる。
実のところ彼女のそういった部分こそが、私との間に完璧なバランスをもたらしてくれているのだ。
未熟者だったころには、どうしたってわからなかったことだけれどね。

だからパートナーを探している人たち、あるいは人生のどんなことでも、探し求めている人たちへの私のアドバイスは、見つけたいものの確かなイメージを持つこと。
しかしながら、よいものはときに、あなたが期待していたのとは違う包装で届くことがあるから、そういうエネルギーが来るのを禁じてしまったり、対象外と考えたりしないことだ。
あなたが探しているものは「灯台下暗し」ってことがあるからね。よく目を開けて見ていないと見逃してしまうよ。

私の場合、人生で最も素晴らしい物事のほとんどが、意外な包装紙に包まれてやってきた。
２、３年前の私なら受け入れられなかったもの——おかしな例だけど、現在私が食べているものは、少し前なら「認めない」

としていたものだ。私の言ってることがわかるかな？
今食べているもの、それに私は「オープン」だ。
母はよく「試してごらん、試してごらんよ」と言っていたものだが、その知恵を私はちっとも理解していなかった。
それはただ食べ物に関することだけでなく、人生のすべてにおいての叡智《えいち》だったのだ。

だから、とにかく試してごらん（heaven's sake）。
文字どおりの意味で言ってるんだよ。
天国のために（heaven's sake）、試してごらん。
そこにあなたの天国を見つけられるかもしれないのだから。
何事も決めつけてしまわないで、自分の予想にとらわれないで、気持ちを開いて、神が完璧なものを創造してくれるようにスペースを空けておくんだ。

さてまた愛するナンシーの例を使うが、彼女とのプライベートな時間に直接話し合っていないようなことは言わないよ。
でもナンシーが初めて私の人生に現れたとき、さっき言ったように、私が生涯をともにする人として想像していたイメージとは少しも合っていなかった。
きっと彼女にとっての私だって同じだったと思う。
わからないよ、それは聞いたことはないから。
（聴衆笑）
彼女は私が頭で思い描いていたような様相では現れなかった。
ところが、いやはやまったく、これまでの人生で最高だったのは、自分がこう言ってみたことだよ。

「まあいいじゃないか。とりあえず今は最初の印象を忘れることにして、神様がどんなものをドアのところに置いてってくれたか見てみることにしよう」

この気持ちがあったおかげで、神が人生最高の宝物をくれたことに気づけたのだ。
そして今ではそれが何よりも大切なものとなって、皮肉にもほかのどんな人と会っても、そっと彼女と比べてしまうんだ。
――おもしろいと思わないかい？
そんなことするのは、あまり賢いことじゃないのはわかっているんだが、あなたにオープンな気持ちで、この対照的なところを見せようとしているんだよ。
おかしなことに、一時期は全然自分のタイプでなかった人を基準にして、今ではほかの人たちを比べてしまうということ。
もちろんこんなことは、前にナンシーにしたのと同じくらいフェアじゃない。私も早く成長して、こんなことはやめなくちゃいけないな……。
（聴衆笑）

手放し、委ねる

私が人生で気づいたこと。先ほどこちらの方がおっしゃったことに付け加えさせていただくと、以前私は、自分のパートナーには、どんな人、相手のどういう資質を探せばいいか、知っているつもりでいました。

そういった条件が、ある種の気分やリレーションシップを運んできてくれるのだと思っていたんです。
ところが、人生にある人が現れたとき、フィーリングのほうから先にピッタリ合ってしまったんです。
条件がそろったときにこそ得られると思っていたフィーリングが、それとは関係なしに得られてしまい、素晴らしい結果を生みました。
それで結局は、資質などの条件というより、フィーリングのほうが大事だったと気づいたんです。

そうだね。
本当に素晴らしい気づきだ。シェアしてくれてありがとう。
私の場合は人生に出現させたいもの、仕事でも、人でも、車でも、なんについても明確にしようとしてきたのだが、最近ちょっと年をとってから、そういう細かな必要条件は忘れることを学んだ。
手放して(let go)、神に任せる(let God)って方法を覚えたのだ。
それに奇跡は、いつも思っていたのとは全然違う様相でやってくる。だから、私はお任せすることにしている。

そしてまた、愛はリアクションではなく、選択だと知ることは、とても大切だ。
たいていの人が、愛はリアクション(相手の持つ資質や条件に反応すること)だと思っているが、このことこそ、私が自分の予測したなかで、相手を一定の型に当てはめて生きていたときと、こういった思惑を捨てて前とはまったく違う人間関係のなかで生きたときのいちばん大きな違いだった。

その違いとは、**愛は選択**だという理解だ。

多くの人が、誰を愛するとか、愛さないとかの選択をしているが、それにはまるで一貫性がない。
さてこう言うと、「でも選択するにはやっぱり、ルックスや性格なんかの条件が必要でしょう」と言う人がいるだろうね。
ところがこれが、そうでもないんだ。
目的も理由もない、ただシンプルな選択。

愛すると選択すること。

そうして本当に純粋に愛するときは、目的や理由がないというだけでなく、条件もない。

無条件の愛だ。

相手の今の性格や体形や、財布がふくらんでいるかどうかなんかは関係ない。条件を付けることなど知らないのだ。

だから誰かを愛するという選択をしたとき、驚くことがよくある。愛することで相手から得られるだろうと期待していたフィーリングが自分のところで生じていて、自分から発したものが、ただ相手の周りを回って自分に戻って来ていることを発見するのだ。
ちょうど惑星が太陽の周りを回って、反対側からもとのところに返ってくるようにね。

そしてついに、巨大な幻が崩れ去る。
幻とはもちろん、リレーションシップのなかにある魔法のような奇跡や特別な気分は「相手から発せられている」という思い込みだ。
実は、それはいつも自分自身から発しているものだった。
自分の選択で送ったものは、どうしたって自分のところへ帰ってくるほかない。
「Return to Sender」(出した手紙がどうしても差出人の自分に帰ってくるというエルビス・プレスリーのヒット曲)みたいにね。

物でも人でもなんでも、自分が決めた詳細どおりのものを欲しがっていたころの私自身に、さっきのあなたの問いかけをすべきだったと思うよ。

「なんでこのカタチが、ほかのものよりいいと考えているんだろう?　太っているよりやせているほうが、やせているより太っているほうがいいとか、黒いほうが白いよりいい、とかなんとか。どういう考えなんだ?　いったいなんのことなんだ?」

その問いに直面したとたん、そういうことは全部自分が作り出した幻想だと気づく。そして自分で作った思い込みを手放すと、そこらじゅうに宝物が見えてくる。

——今まで絶対につき合うことはないだろうと思っていた人たち、好きになるとは思いもしなかったもの。
まるで「大人になったら、ホウレン草だってけっこうイケるじゃないか」って気づくみたいに。
ブロッコリーだって食わず嫌いだったことがわかった。今では、たいへんおいしいと思うよ。だからね、いつブロッコリーがドアから入ってくるかはわからないってことだ。
（聴衆笑）

重要なカギ

リレーションシップについて、何かほかに質問はあるかな？
みんなほとんど解決できたようだね。

では、「私の望みは、あなたがあなたのために望むこと」というリレーションシップの方法で、やっていけそうだと思う人はいるかな？　「愛は決してNOと言わない」というリレーションシップのカタチでやっていけそうな人は？
（たくさんの人の手が上がる）
素晴らしい。この部屋のほとんどだ。
ほかの人よりほんのちょっと遅れた人もいたけれど。
これはすごいことだ。

でも、いいかい。
これは、あなたのリレーションシップが、今のままずっと続くと保証するものではないことを理解しておいてほしい。

だからここを出るとき、

「さあ重要なカギは手にしたぞ。これでやっていけばボクのリレーションシップは今のまま、ずっといつまでも続くんだ」

なんて思っちゃいけないよ。相手のほうはもしかすると、

「ああ、ありがとう！　あなたの望みは、私が望むことなのね？じゃあ今すぐここを出て行くわ！　もう４年間も、私の望みはここから出て行くことだったんですもの。ただ許しが出るのをずっと待ち続けていたんだわ！」

なんて言い出すかもしれない。誰だって体裁はよくしておきたいからね。
（聴衆笑）
だから私が「こんなふうに生きるなら、なんらかの保証が得られるよ」などと言っているとは思わないでほしい。
私たちはみんな、保証してくれるものを見つけ出そうとしてきた。

「どうやったらうまくいくか？　ずっと続けていくには？」

そうだな、確実にうまくいって、それをずっと続けることなんてできないのだよ。
もっと正確に言うと、それは実際有効だし、ずっと続くことだってあり得る。だけどそれはきっと、あなたが「こうなるだろ

う」と思った**筋書きとは違う**ってことだ。

ひとつのリレーションシップが終わったとき、私は人生を悲劇とよんだ。「こんなのって、信じられないよ！」と。
だって、それで人生がうまくいっているようには、とても見えなかったからね。
ところが、事の真実は、そのリレーションシップの終結こそがこれまでの人生で想像もしなかったほど、豊かで価値のあるものへの扉を開くことになったのだ。
ただしそれは、私が物事に自分勝手な判断を下したり、間違いだと決めつけたり、悲劇だとかよんだりせずに、ただ成り行きに任せ、次に起こることを受け入れたときに初めて経験できたことだ。
そうやって私は、人生のなかで宇宙が特別なやり方で働くことを発見した。
自分で裁いたりせず、物事があるがまま、成せるがままであることを認めると、心の内にいつでも平安と喜びを見いだせるようになる。

ところでもう一度言っておきたいんだが、最も大切なカギとなるのは（カギがあるとしての話だけれど）、ずっと探し求めてきた平安と喜びを、誰かほかの人のなかに見つけようとするのをやめることだ。
探し求めてきたものは、自分自身のなかに息づいているということに気づかなくては。
最高の喜びと平安は、自分がそれを相手に与えるときに経験できるものだ。その瞬間こそあなたは偉大な謎と崇高な秘密への扉のカギを開けている。

そしてまたもう一度、前にも言ったように最大のパラドックスは、自分自身が相手から受け取るものの源泉(source)であることに気づき、それを自分自身の人生として生きると決めた瞬間、これまでよりもずっと確かに、部屋が満たされるという保証に限りなく近いところまで行き着くだろう、ということだ。
なぜって、愛の源泉(source)のある場所から離れていく人なんてほとんどいないのだから。

もし離れていく人がいるなら？　——行かせなさい。

彼らには彼らの道を行かせて、彼らのすることをさせてあげたらいい。

新時代のリレーションシップ

結婚についての話に戻りますが。ニール、ふたり一組の結婚制度すべてについて最近よく考えていて、それで『神との対話３』に書いてあることにとても興味を持ったんです。
これまで私たちが作ってきたような結婚のカタチは、私たちが求めているような愛をもたらすのでしょうか？
21世紀に入って人類は、愛やロマンスについて以前とは違うところに来ているように見えます。そもそもの始まりのころのように生存や生殖のために結婚をしなくてもよいのですから。

そこで、伝統的なふたり一組の結婚以外の――例えば共生、子どものいる、いない、コミュニティーといったような、何かほかのカタチで自由と責任、そして最高の愛をもたらすものを作り出すことは可能でしょうか？

素晴らしい質問だね。そして答えは、YES。
ふたりの人間の伝統的なリレーションシップ以外にも、たくさんのカタチがある。
現代では意図的に作られたコミュニティーがあり、複数の人々が互いに思いやり、分かち合い、愛し合っていっしょに暮らしている。
また、(この言い方を嫌う人たちもいるのは知っているが)グループ・マリッジとか派生的家族などとよばれるカタチも見られる。人々が互いに思いやり、分かち合い、愛し合っていっしょに暮らす方法だ。または互いを思いやり、分かち合い、愛し合っていっしょに暮らす同性のカップル。
私たちがこういった考え方が誤りだとすることをやめないかぎり、最高に満たされた人類のあり方を知ることはない。

ワイオミングのマシュー・シェパード(当時21歳の学生、ゲイであることを理由に同年代の男性ふたりにリンチされ死亡した)に起きた出来事は、二度とあってはならないのだ。
自らを教養のある文明人だという人たちのなかで、彼らにどんな信念があったとしても、あんな行為がなされたばかりか、たとえ社会のほんの一部だったとしても、それを許容した人たちがいたってことが私にはとても理解できないよ。

ふたり一組のカップルというカタチはいつまでもあると思う。もしカップルがリレーションシップのメインのカタチであり続けるかと問われたら、私はそう信じていると答えるだろう。
いつまでも。
カップルには、ほかのどんな形態でも作り出せない独特の状況がある。だからカップルという形態はいつも、ずっといつまでもあると思うし、ふたりの人間がいっしょに生き、人生をともに創造することは、人類のリレーションシップの主要なカタチであり続けるだろう。

しかしまた、私たちが切望する互いへの限りなく自由な愛を経験するために、派生的家族などを含む異なった形態、グループ・マリッジなどの意識的なコミュニティーやそのほかの少数、多数の人々の集まりなど、いろんなカタチが創造されるのを見るだろう。
この地球上で、もう長いこと試されてきているいくつかの形態は、人々が彼らを誤りだとする必要性を手放してゆくに従い、もっと社会的な地位を得るようになるだろう。

進化を妨げるもの

何をしているか、どう生きているかによって人を裁かないという決心は、私たちの社会を進化させる偉大なターニングポイントとなる。そしてそれはここ10年から15年のうちに起こるものと私は確信している。(現在、カナダ・アメリカの一部・南アフリカ・ヨーロッパ各国でゲイ・マリッジが、イギリス・ニュージーランドではパートナーとしての社会的権利が認められている)

私たちは、性に関するライフスタイル、精神的、哲学的、政治的、社会的、経済的な考え方についての選択の相違によって、互いを裁くことをやめ、ついにはシンプルに、

「ただ意見が一致していないってことで同意しようじゃないか」

と言えるようになる。
互いへの裁き——それぞれに違いがあることより、自分と違うのが認められないことこそが、私たちをダメにしていることに気づき、相手を断罪するのをやめるだろう。
地球上の偏見や差別はもうおしまいだ。
21世紀初めの25年間で、私たちはそれらのほとんどが消え去ってゆくのを見ることになるだろう。
それは、私たちがカタチ作る新しいリレーションシップ、ともに生きるという試みが人類を進化させ、その結果として起こることだ。これらのリレーションシップはしだいに社会に深く浸透してゆく。政治、経済、宗教、どのレベルでも新しいリレーションシップが生まれるだろう。

もちろん愛のリレーションシップについてもだ。
だからひとりの男性とふたりの女性。あるいは女性ひとりとふたりの男性、三角関係とよばれるリレーションシップで、3人

が手に手を取り合って仲よく並んでまるで天国みたいに楽しく通りを歩いている光景だって、ちっとも不思議じゃなくなる。
なにしろ、みんながお互いに愛し合っているなら、そこはもう本当の天国だからね。

神は、純粋な真実の愛を表現するのなら、それがどんな形態であろうと間違いということはないと言っている。
それが純粋で真実の愛の表現であるかどうかは、**決して相手を傷つけようとしない**という態度からわかるが、私がここでこのことを言うのは、いつもメディアの誰かとか保守派の人たちには「ニールは、人々に何でもしていいと言っているじゃないか……小児性愛者を認めているんだ」などと言い出す連中がいるからだ。
いつだって、どうしても私を悪者にしたい人はいるからね。
私が言っているのは、真実で純粋な愛を表現するのに、ふさわしくないカタチなどないってことだ。
真実で純粋な愛はどんなときも決して相手を傷つけたり、都合のいいように利用したり、裏切ったりすることはない。
私たちが理想とする愛を表現するリレーションシップの形態は、変わりつつある。
古いやり方だけが正しいと思っている人たちには困難な時代だ。なかには歯ぎしりしながら、新しいカタチをかたっぱしから、たたき潰そうとしている人たちさえいる。

国際間リレーションシップ

みんなも知っていると思うが、こんなことがいわれていた時代があった。決して誰かの特別に偏ったおかしな考えというのではなくて、社会の大多数の人たちが本気で思っていたこと。
「他人種との交際は不道徳であり、誤っている」という考えだ。
異なる宗教の人と結婚したり、愛したりすることも誤りであるといわれていた時代もあったし、いまだに、自分たちと違う人種や宗教に属する人、「同胞」でないものを愛したという理由で、愛する家族を勘当したり、縁を切る人たちもいる。
いったいどうしたら、「同胞」じゃない者になんてなれるのだろう。

私たちはみんなひとつだ。
人間という家族なのだから。

新しい社会を創造する私たちの役目は、性別や、肌の色や、宗教、そのほか相手を不自然に制限するいかなることがらにも左右されず、ただ魂から純粋に愛し合えるような考え方、システムを、社会的に、精神的に、政治的に(たいていは政治の問題だからね)構築することだ。
互いに愛し合うのに、どうやって間違うことなんてできるだろう？
相手を決して傷つけない純粋な愛を表現するのに、間違えようがないじゃないか。

ところが、それが神の意志だという、かたくなで傲慢《ごうまん》な思い込みから、異人種間の結婚は神の法で禁じられていると本気で信じていたころがあった。それも何百年も前の話ではなくて、ほんの２世代前までのことだ。そんなの想像できるかい？
国際結婚が神の法を冒瀆《ぼうとく》することになるだって？
勘弁してくれ、そんなこと信じていたなんて……。

実は今日でもまだ、そんなことを信じている人たちがいる。
私は、人種の違う人と結婚した息子の縁を切った夫婦を知っているが、彼らはなんと言っていたっけ？　「異教徒」とか「部外者」だとかで教義に合わない結婚をした息子を勘当してしまったんだ。
いったいどういうことだ？
それは単に、私はあなたと違うというだけではなくて(それだけでも大きな間違いだが)、私はあなたと違うというだけでなく、なんだと思う？

「私はおまえより優れている」

「やつらはわれわれより劣っているというのに、そんなものとどうして結婚できようか？」

こんな考えが恐ろしく長い間ずっと、この地上に苦しみを生み出してきたのだ。

救世主は、もう来ている

だが、あなたがたが先駆けとなって、これからの時代にもたらす新しい理解こそが、今までなかった新しい人生の経験を創り出していくだろう。
世界は愛の救世主の再来を待ちわびているが、実は、その人は、もう既に来ているのだよ。

彼女はほら、そこに座っている。
そこにも。（ニールは会場の人たちを指さしながら）
彼はここに。そして、そこに……。
あなたは、私たちをどん底から救い出してくれるかい？
そしてあなたは、崇高な場所へと連れて行ってくれるかい？
私たち人類は、あなたが望むところまでしか成長できない。
私たちが到達できるのは、あなたが目指す高みまでだ。
あなたが精いっぱい愛そうとすればするほど、私たちはいっぱいに愛することができる。それをするのは、あなただ。

あなたこそが救い主なのだよ。

ある人たちは今の世の中を見て、
「なんでこんなことに」と嘆く。
またある人たちは、同じ世界の可能性のほうを見て、
「なんとかしよう！」と言うのだ。

聴いてくれて、ありがとう。

訳者あとがき

初めてニールと出会ったのは、彼の言い方でMiddle of nowhere（どこでもないところの真ん中）にあるリトリート（日常生活から離れて実施するセミナー）会場へ向かう途中、ふと立ち寄ったガソリンスタンド脇の小さなショップでした。
そのとき彼は、両手にアイスバーを持ったまま、呼びかけた私の目をじーっと見つめたのです。20秒間も、黙ったまま。
一方私は、その20秒の間、チョコバーとチップスの棚の隙間でニールの瞳のなかに宇宙を見ていました。それは比喩ではなく、目をこすっても、まばたきしても、そこに見えたのはやっぱり今にも銀河鉄道999が横切って行きそうな宇宙でした。
考えてみると、あのとき既に私たちはニールの壮大な夢の一部に組み込まれていたのでしょう。

ちょうどそのころ、ニールの使命は、この世界にメッセージをもたらす媒介者であることから、これまでに受け取ったメッセージとそれに基づく新しい考え方を、世界に変化を与えるのに十分な数の人々と分かち合い、広げていくことへと変化していたのです。
任務を遂行するために彼は、インターネットやラジオやテレビ、映画などのメディアを利用する一方、「神との対話」にあるメッセージを自分の言葉で語り広めるメッセンジャーたちを見つけ出し、その使命に気づかせるために働いています。
ですから彼が、聴衆に向かって「愛の救世主は、あなただ」と語りかけるとき、それはセミナーを盛り上げるための、ただのキャッチフレーズではありません。
「あなただ。ほら、その本を手にしているあなただよ。起きて、目を覚まして！　あなたがこの世界を創っているんだよ。偉大なる本当のあなたの最高のビジョンを、今こそ生き始めなさい！」
と、本気で言っているのです。

私たちの参加したリトリートは、ロッキー山脈の麓《ふもと》にある会場で行われ、40人ほどの参加者はインディアン式ティーピー(4～6台のベッドが入り、中央で焚き火ができる大型テント)に寝泊まりしていました。目の前には雄大な山々と河があり、テントを囲む森では子ジカが生まれ、夜空には星が恐ろしいほどに輝き、オオカミの遠吠えが聞こえていました。そのなかで毎朝ダン・ヨガを練習し、火の上を歩いたり、太陽のメイズ(迷路)を歩いたりしながら、1週間にもわたってニールのひざ元に座り込み、彼の話に耳を傾けていられたのは、どんなに幸せだったことか！
日曜学校でイエスさまの話を聞き、お隣に住む物静かな仏教徒のおばあさんからブッダの話を聞き、グリムやアンデルセンやイソップ、ロシア民話を読むのが大好きだった私の、幼い日に織り始めたタペストリーが完成されていくのを感じました。
私の魂の目的(アジェンダ)は、メッセンジャーとして、神の道具として働くことだったのです。
(でも、それって本当かな？……自分勝手な思い込みでないといいけど)
日本に戻り、翻訳を始めてみると不思議なことが起こりました。

Joeに原文を読んでもらうと急に妙な眠気に襲われ、私はいつの間にか本書のセミナーが行われている会場にいるのです。
ニールの声が聞こえ、質問をしている人の表情や服や髪の色、しゃべるときのクセまで見えていました。
あとになって、本シリーズのほかの2冊のもととなったセミナーを録画したDVDが出ていることを知り、取り寄せてみると、そこには果たして白昼夢で見た人たち、会場、今より少し若くて美しいジャケットを着たニールが映っていました。
神は本当に、手助けしてくれていたのです！（……よかった！）

＊＊＊＊＊＊＊

本書『愛するということ』は、「19歳から始める最高のライフレッスン」シリーズの最初の1冊で、あとに『豊さとライフワーク』『ありのままの自分を生きる』が続きます。
この本は、1999年にカリフォルニアであったセミナーを基調に、最新の情報とニールからの直接のメッセージが、ふんだんに盛り込まれています。セミナーやリトリートなど、ライブでこそ味わえる特別なバイブレーション、魂の高揚感をお伝えすることができれば、とても幸せに思います。

初めて原書を読んだとき、私には日本の文化のなかに生きる女性として、正直、受け入れがたい部分が多くありました。
「本当の自分を生き」「愛する」ためには、これまで有効と信じていた約束や決まりごと、今ある安心や保証を手放す勇気が必要です。それがリスクとしか感じられなかったのです。

もしかすると、今、あなたもそう感じているかもしれませんね。
けれど奇跡は、あなたが「本当の自分を生きる」ことを決心したときにこそ起こります。
私が恐れを手放し、「本当の自分を生きる」決心をしたときには、自分が愛のただなかにいること、完全な「自由」と「喜び」と「成長」そのものであることに気づくことができました。
それは「大いなる愛」「大いなる自我」の経験です。
この経験はそのあと、私の人生のすべてを支える礎《いしずえ》となりました。
「大いなる愛」の奇跡を知れば、ほかのことはとても小さく感じられます。それなら、試してみる価値はあるでしょう？
私はカウンセラーとして、古い家族のしがらみにがんじがらめになっている女性、生きることへのプレッシャーから自殺未遂を繰り返している男性、24時間ネットでたくさんの人とつながりながら孤独にさいまれている若者、自己評価が低く未来に希望を持てない子ども、「愛するって、どういうことかわからない！」と泣きながら赤ん坊を抱き締める母親……そういった目の前の相談者ひとりひとりに伝えるつもりで言葉を選び、ニールの大きな愛と優しさが、読者に届くようにとの思いを込めて翻訳しました。

編集を進めていく過程で生まれた問い、またメルマガの読者の方々からいただいた質問には、前世やカルマに関するものなど、東洋思想独特なものが多くあり、ニールはそれに超人的なスケジュールの合間を縫って、我慢強く何度も答えてくれました（これらの質問と答えは、「日本人からの質問」としてシリーズの3冊目に含まれる予定です)。
こうしながらも私たちの「もっと知りたい」(正しくは、『すべてを思い出したい』——本当はすべてを知っているのだから)あるいは、「どうしたらこのメッセージをできるだけ純粋に、うまく伝えることができるだろう？」という気持ちは高まる一方で、とうとう「神との対話」の正式な教師になるためのコースをとる決心をしました。
現在Joeも私も、これに莫大なエネルギーを注いでいますが、学びが進むにつれますます、知恵の理解や気づきには終わりがないことを実感しています。
本を読んで頭で理解できたレベル、日常のふとした場面や経験を通して納得するレベル、体中の細胞で感じる「知っている」というレベルまできても、あるときまたもっと壮大な叡智が、体内で音もなく爆発するのを感じたりするのですから、私たちにとってスピリチュアルな冒険ほどエキサイティングなものはほかにないと思うようになりました(Joeの体験を通した学びのプロセスは、2冊目の訳者あとがきに詳しく書く予定です。それは人生の険しい道を歩いている方に、特に役立つことでしょう)。

ここまでともに歩いてくれて、ありがとう。
もしあなたが、「神との対話」に沿った生き方に興味を持ってくださるなら、創造の3つのツールのうちの言葉(アファーメーション)のメルマガを発行しています。あなたと、どこかでつながっていられることを、とてもうれしく思います。
http://www.mag2.com/m/0000230132.html

＊＊＊＊＊＊＊

初めての翻訳出版という経験で、たくさんの方に大変お世話になりました。とくに編集者として最初からおつき合いくださったソフトバンク クリエイティブの錦織 新さんは、いつも私たちを励まし力強い共同創造をしてくださいました。
また、何から始めていいのやらというところに「大丈夫。すべてはうまくいく」とメッセージをくださった翻訳家の山川亜希子さん。それから、もう10年以上も「神との対話」シリーズの翻訳を手がけてくださっている吉田利子さんには、深い深い感謝と愛を捧げます。あのとき、あの本を手にしていなければ、今の私たちはいなかったでしょう。

そしてもちろん親愛なる友、ニール・ドナルド・ウォルシュへ。あなたの惜しみない愛と友情に、心から感謝します。あなたの言葉が、この本を読む人々にとって、

“飲む者の内に泉が湧《わ》き、決して乾くことのない水”

となりますように。

愛を込めて—— Nana&Joe

ニール・ドナルド・ウォルシュ

著書『神との対話』は、34ヶ国語に翻訳され、世界中で約 700 万人の読者を持つ。ニュー・スピリチュアリティー学校、世界的なスピリチュアリティーの目覚めを促す NPO「グループ 1000」、自己を再創造するためのリトリートを開催するリクリエーション・ファウンデーション、ヒューマニティー・チームを設立し、『神との対話』のメッセージを分かち合うための活動を展開。

DVD『ザ・シークレット』出演。ライフ・ストーリーを描いた映画『神との対話』制作、インディゴ・チルドレンを描いた映画『インディゴ』出演、自筆シナリオ「ワン・ボディー」を、自らの劇団を率いてアメリカ各地で上演。現在、オレゴン州アッシュランドの森に暮らしている。

Nana

APA（米国心理学会）認定カウンセラー

AFC（『子ども時代』のためのアライアンス）会員

人智学（R・シュタイナー）の研究から精神世界の探求を始める

Joe

イギリス、コンウォール出身

ハル大学心理学部卒業　職業に関する心理学、カウンセリング (Dip)

ニューヨーク・インスティテュート　プロフェッショナル写真科卒業

ふたりで海外のセミナーやリトリートに多数参加し、スピリチュアルな冒険旅行を続けている。2009 年からは『神との対話』のメッセージを広め、その知恵を生きるためのライフ・スキルセミナーを日本で開催する。メルマガ「Nana & Joe アファーメーション！」発信中。

http://www.mag2.com/m/0000230132.html

19歳《さい》から始《はじ》める最高《さいこう》のライフレッスン①
愛《あい》するということ

2008年10月30日　初版第1刷発行

著　者　ニール・ドナルド・ウォルシュ
訳　者　Nana&Joe
発行者　新田光敏
発行所　ソフトバンク クリエイティブ株式会社
〒107-0052　東京都港区赤坂4-13-13
TEL 03-5549-1201（営業部）
装　幀　斉藤よしのぶ
DTP　アーティザンカンパニー株式会社
印刷・製本　中央精版印刷株式会社

落丁本、乱丁本は小社営業部にてお取り替えいたします。
定価は、カバーに記載されています。
本書の内容に関するご質問等は、小社学芸書籍編集部まで必ず書面にてお願いいたします。

ISBN 978-4-7973-5080-7